Mis Increíbles Experiencias Sobrenaturales en la Guerra Espiritual

Los Ataques que Recibí y Cómo los Enfrenté

ANGEL ALMANDRA

Todas las citas bíblicas han sido tomadas de la Santa Biblia, versión Reina Valera © 1960 por la Sociedad Bíblica Internacional.

"Mis Increíbles Experiencias Sobrenaturales en la Guerra Espiritual"

ISBN 978-956-416-651-3

"Pero el hombre natural no percibe las cosas que son del Espíritu de Dios, porque para él son locura, y no las puede entender, porque se han de discernir espiritualmente"

1 Corintios 2:14

"El mal es como un "caballo de Troya", hace su ingreso de forma "muy sutil" a la vida de la víctima, para no ser descubierto y expulsado, pero una vez dentro tiene el poder de arruinar vidas"

Angel Almandra

CONTENIDOS

Fullpage image   X

INTRODUCCIÓN   XI

1. Casi Completamente Poseído por Espíritus Malignos, y la Repentina Entrada en Escena, del Poderoso Espíritu Santo de Dios   1

2. El Tormento Demoníaco que Cada Noche Atacaba a Toda una Familia   13

Fullpage image   22

3. Los Infernales Ataques Espirituales Demoníacos, que Cada Noche Tenia que Sufrir   23

4. El "Fatal Accidente Vehicular" que Casi me Cuesta la Vida, y la Intervención Sobrenatural de Dios   31

5. El Impactante Rostro de Cristo, Sobre la Reja de Madera   39

Fullpage image   44

6. Momentánea Posesión, y Casi "Fatal Desgracia", La Intervención Sobrenatural de Dios   45

7. La Presencia de Entidades Demoníacas Extraterrestres, La Casi Abducción, y la Increíble Intervención del Todopoderoso   53

Fullpage image   60

8. La Implantación de Pensamientos
    Pecaminosos; Control y Programación
    Mental Durante la Noche   61

Fullpage image   68

9. El Ojo de Dios, Ante la Entrada de los
    Ataques de Pánico   69

10. El Brujo en el Espejo, y el Comienzo de la
    Enfermedad de la Apnea del Sueño   75

11. Cómo Dios se Comunica con Nosotros   85

12. La Visión del Hijo de Perdición, La Bestia,
    El Anticristo, 666   93

Fullpage image   100

13. La Casi Manifestación del Ataque al
    Corazón, y su Directa Relación con las
    Maldiciones Generacionales   101

Fullpage image   110

14. Los Dos Ángeles Guardianes, y la Re-
    spuesta a Una Pregunta Clave   111

15. El Origen de Algunos Ataques de Pánico,   117
su Relación con lo Sobrenatural, y Posterior Solución

16. El Ataque del Demonio Arácnido Mientras Dormía   121

Fullpage image   128

17. La Visión de la Futura Crisis Alimentaria,   129
Escasez de Alimentos a Nivel Global

18. La Visión del Futuro, Invasión de Demonios Alienígenas Extraterrestres, Comienzos del Apocalipsis   137

19. La Breve Visión del Repentino Arrebatamiento, el Cual Vendrá sin Aviso   145

20. La Relación de Los Distintos Niveles de   153
Protección de Dios, y Los Ataques del Diablo

21. El Efecto Sobrenatural, y Nocivo de la   169
Presencia De Objetos Impuros en los Hogares, y su Directa Relación con el Bloqueo
de Bendiciones y Sanaciones

22. 14 Señales Cuando la Vida de una Persona,   185
ha Sido Invadida por Espíritus Malignos

Fullpage image   204

23. 21 Señales, Cuando Nuestros Hogares han   205
Sido Infestados por Espíritus Malignos

Fullpage image   222

PALABRAS FINALES   223

Fullpage image   226

ORACIÓN DE SALVACIÓN   227

INTRODUCCIÓN

Has sentido alguna vez que "alguien, o algo" te ha estado observando? ¿Presencias inexplicables que van más allá del mundo tangible? ¿Sucesos, y experiencias sobrenaturales que no tienen una explicación lógica? Si ese es el caso, entonces te damos la bienvenida a un viaje que va más allá del plano terrenal, el cual despertará tus sentidos a la realidad del mundo espiritual.

En las siguientes páginas comenzaremos a viajar por todas, y cada una de las experiencias sobrenaturales que he tenido en mi vida, en las cuales presencié e interactué con varios poderes espirituales, algunos de origen bueno que provienen de Dios, y otros de origen de maldad (de los cuales fui víctima).

Muchos se sentirán identificados con las experiencias sobrenaturales de este libro, pero no solamente las relataremos, sino que también las conectaremos con sus respectivos versículos bíblicos, relacionados con cada experiencia. Junto con esto, también revelamos varios misterios que están detrás de ciertos ataques espirituales, ofreciendo respuestas a varias interrogantes.

Así que prepárate para aprender de las lecciones que nos dejan estas increíbles experiencias, al interactuar con poderes sobrenaturales del mundo espiritual. Benefíciate del conocimiento contenido en estas páginas, el cual te dará una "tremenda ventaja", al poder conocer los peligros, que pueden desencadenar <u>ciertas acciones</u> que parecen "inofensivas", pero que tienen el poder de arruinar vidas.

El mundo espiritual es como un "caballo de Troya", parece inofensivo y entretenido al mismo tiempo, pero en realidad trae "grandes consecuencias", al impactar directamente nuestras vidas de forma positiva, o negativa, trayendo lo bueno o lo malo. Por eso que es tan importante, clave, y de vital importancia, "aprender de las grandes experiencias de otras personas", porque es precisamente esto, lo que nos ayudará a evitar cometer los mismos errores, así podremos evadir muchos problemas, y sufrimientos a la vez.

También conoceremos la otra cara de la moneda, y aprenderemos como los ángeles y poderes celestiales de Dios, nos ayudan y protegen. Durante el aprendizaje, y revisión de estas impactantes experiencias con lo sobrenatural. También aprenderemos temas claves, como por ejemplo; ¿cómo Dios se comunica con nosotros?, ¿cómo nos afectan ciertos temas espirituales claves en el plano terrenal? (como por ejemplo:

las maldiciones generacionales), entre muchos otros importantes temas, todo respaldado con versículos de las sagradas escrituras.

Así que, abre tus sentidos a este increíble viaje de aprendizaje y conocimiento, <u>lleno de valiosas experiencias sobrenaturales</u>, obteniendo respuestas, lecciones, enseñanzas, e información clave que hará "la diferencia en tu vida espiritual y terrenal".

Casi Completamente Poseído por Espíritus Malignos, y la Repentina Entrada en Escena, del Poderoso Espíritu Santo de Dios

Capítulo uno

Durante varios días, mi mente fue bombardeada por una inmensa cantidad de pensamientos malignos, pensamientos de alto calibre, de un nivel de maldad que no es común en los seres humanos. En otras palabras, "pensamientos maléficos que no eran míos", y que provenían desde afuera, de alguna "fuente externa". El problema era que en aquel día, no sabía de dónde provenían dichos pensamientos destructivos, hasta que me puse a reflexionar sobre el tema al día siguiente, (después de mi liberación).

Era una situación muy desesperante y angustiante a la vez, porque tenía que, de alguna forma tratar de frenar a todos los pensamientos maléficos, para evitar que tomaran el control de mi mente, debido a que grandes cantidades de destructivos pensamientos invasores, estaban llenando por completo el espacio de mi mente, "ahogando mis propios pensamientos", y provocando <u>un colapso</u> del delicado ecosistema natural que armoniza la mente humana, el cual nos permite tener paz, y hacer que fluyan naturalmente nuestros pensamientos.

El problema grave de dicha invasión de pensamientos maléficos, era su <u>acumulación</u>, porque seguían llegando más y más, llenando el espacio natural de mi mente por completo, y cuando se llega a este punto, se produce el <u>colapso de la mente</u>, traduciéndose en la "pérdida del dominio", y el control de nuestro propio cuerpo. Cuando esto sucede, entonces se produce el fenómeno conocido como **"posesión"**.

Cuando una persona se encuentra en el "estado de posesión", <u>pierde el control</u> y <u>la consciencia</u> de su propia mente y cuerpo. Por lo tanto, no recuerda lo que sucedió durante ese lapso de tiempo, que generalmente puede ser una cantidad de segundos, o en su defecto varios minutos. Por consiguiente, lo que experimenta la víctima de posesión, son "episodios cortos", los cuales van y vienen, durante el transcurso de los días.

Durante aquel día yo estaba sumamente angustiado, debido a que ya sabía dentro de mi ser, que en algún momento perdería el control de mi propio cuerpo. Esto creó un sentimiento de extrema urgencia, así que tenía que resolver este gravísimo problema, antes de que se me escapara de las manos.

Gracias a Dios durante aquel día, tenía a un pastor cerca, quien estaba de visita en casa de mi hermana, así que aproveché la oportunidad, y le pedí ayuda de forma urgente, explicándole la gravedad de mi situación. Después de eso, el pastor le preguntó a mi hermana si tenía un poco de aceite de oliva, pero desafortunadamente ella no tenía, así que le pidió un poco de sal en un platillo. Lo cual trae a mi mente los siguientes versículos:

"Y LOS HOMBRES DE LA CIUDAD DIJERON A ELISEO: HE AQUÍ, EL LUGAR EN DONDE ESTÁ COLOCADA ESTA CIUDAD ES BUENO, COMO MI

SEÑOR VE; MAS LAS AGUAS SON MALAS, Y LA TIERRA ES ESTÉRIL. ENTONCES ÉL DIJO: TRAEDME UNA VASIJA NUEVA, Y PONED EN ELLA 'SAL'. Y SE LA TRAJERON. Y SALIENDO ÉL A LOS MANANTIALES DE LAS AGUAS, ECHÓ DENTRO LA SAL, Y DIJO: ASÍ HA DICHO JEHOVÁ: YO SANÉ ESTAS AGUAS, Y NO HABRÁ MÁS EN ELLAS MUERTE NI ENFERMEDAD. Y FUERON SANAS LAS AGUAS HASTA HOY" – 2 REYES 2:19-22

¿NO SABÉIS VOSOTROS QUE JEHOVÁ DIOS DE ISRAEL DIO EL REINO A DAVID SOBRE ISRAEL PARA SIEMPRE, A ÉL Y A SUS HIJOS, BAJO PACTO DE 'SAL'? – 2 CRÓNICAS 13:5

"VOSOTROS SOIS LA 'SAL' DE LA TIERRA" – MATEO 5:13-20

Después ingresamos en una de las habitaciones, que mi hermana usaba como un cuarto de estar. Una vez dentro de la habitación, el pastor, sosteniendo el platillo con la sal, lo levanto por sobre su cabeza, e hizo una oración, pidiendo a Dios Padre en el nombre de nuestro Señor Jesús, que consagrara la sal para utilizarla como un instrumento de consagración y liberación. Junto con esto, comenzó a alabar a Dios, dándole las gracias y la gloria. Después de aquella oración, me dijo que yo también levantara mis manos hacia el cielo, para glorificar al Todopoderoso.

Cuando levanté mis manos para alabar a Dios, justamente en ese preciso momento, algo dentro de mí, comenzó a incitarme muy fuertemente para hacerme reír a carcajadas, (de forma totalmente burlesca). Pero obviamente yo no quería hacer eso, porque para mí no tenía ningún sentido hacer aquello, ni mucho menos burlarme del Señor Dios, Creador de todas las cosas.

A partir de ese momento, dentro de mi mente comenzó una "lucha intensa", para evitar burlarme a carcajadas, porque yo sabía que si permitía que eso sucediera, entonces perdería el control de la situación, al sentir que aquel poder maligno <u>tomaría el control</u> de mi cuerpo.

Mientras todo esto sucedía dentro de mí, el pastor empezaba a poner un poco de sal haciendo la señal de la cruz, comenzando desde la punta de mis pies, subiendo centímetro a centímetro, hasta llegar a la parte superior de mi cabeza. Y justo cuando él llega a la parte superior, yo estaba prácticamente perdiendo la batalla por el control de mi cuerpo, ya no podía aguantar ni un segundo más, en cualquier momento perdería el control.

Pero en ese preciso instante, algo increíble sucedió, un "maravilloso, majestuoso, e **impresionante poder**", acompañado de tres elementos, comenzó a invadir mi cuerpo, y lo empecé a sentir cuando comienza a subir lentamente, desde la punta de mis pies hacia arriba, se sentía como si trillones de ultra pequeñísimas, y finísimas especies de agujas tocaran mi piel sin causar daño alguno, ni tampoco malestar, todo lo contrario.

Este sorprendente poder estaba también combinado de un segundo elemento, el cual era un "<u>fuego majestuoso</u>" que producía un calor gigantesco e inmensurable, tanto así que me llegó a dar miedo, por la sencilla razón, que el cerebro humano reacciona pensando que algo lo está quemando, al no poder comprender la realidad, y el "<u>impacto directo que la dimensión espiritual tiene sobre nuestro plano terrenal</u>".

Este era una especie de <u>fuego majestuoso</u>, el cual se sentía que no tenía fin, como si se proyectara hacia el mismo infinito, extremadamente potente, muy fuerte y soberano a la misma vez, con "**absoluta y total autoridad**". Y cuando este increíble e impresionante fuego estaba llegando a la altura de mis hombros, me comencé a preocupar, porque en mi ignorancia, pensaba que podría quemar mi cerebro. Debido a que en ese entonces, mi mente "no podía comprender ni discernir lo espiritual".

Cuando este imponente y soberano fuego llegó a la parte superior de mi cabeza, me hizo sentir un gigantesco calor, el cual tenía tanto poder, que "arrasaba con todo a su paso", limpiando cada rincón de mi cuerpo, mente, alma, corazón, espíritu y todo mi ser, definitivamente era un increíble poder proveniente de una dimensión, o realidad diferente a la nuestra.

Se sentía como estar envuelto en una especie de "fuego majestuoso", el más poderoso que existe, en todas las realidades y dimensiones, y este ardía con una potestad y fuerza extraordinaria. Mi cuerpo no sentía malestar alguno, y dicho poder no era visible, pero sí se podía sentir en toda su expresión, con total autoridad e infinito poder.

Justo en aquel momento, entra en escena otro elemento más que invadió mi ser, y era una "impresio-

<u>nante y majestuosa paz</u>", tan gigantesca e increíble, que es difícil definirla con palabras. Era el tipo de paz que jamás nunca me hubiese imaginado que pudiera existir, una <u>absoluta y soberana paz que sobrepasa todo entendimiento</u>, la cual también proviene de otra realidad, para ser más exacto, de la dimensión o plano espiritual.

Es por esta misma razón, que en nuestro plano terrenal no se encuentra, porque no proviene de este mundo, y esto trae a mi mente los siguientes versículos:

"Tú guardarás en completa paz a aquel cuyo pensamiento en ti persevera" – Isaías 26:3

"Y el mismo Señor de paz os dé siempre paz en toda manera. El Señor sea con todos vosotros" – 2 Tesalonicenses 3:16

"LA PAZ OS DEJO, MI PAZ OS DOY; YO NO OS LA DOY COMO EL MUNDO LA DA" – JUAN 14:27

Esta increíble y majestuosa paz de absoluta autoridad, llenó cada célula y rincón de mi cuerpo, mente, corazón, alma, espíritu y todo mi ser. La paz era tan soberana que parecía no tener fin, por lo que me brindó un impresionante e inmenso descanso, tanto mental, espiritual, como físicamente. Yo jamás nunca en mi vida, había experimentado tan gigantesco nivel de absoluto poder, y autoridad.

◆◆◆ **Enseñanza**: Al día siguiente, comencé a investigar de dónde podría venir tan extraordinario poder, pero no tenía ninguna idea por dónde comenzar. Hasta que apareció un pensamiento sumamente claro dentro de mi ser, aduciendo que todas las respuestas están en las sagradas escrituras de la Biblia, e increíblemente me llevó al siguiente versículo:

"Yo la verdad os bautizo en agua para arrepentimiento, pero el que viene tras de mí [Jesús], cuyo calzado yo no soy digno de llevar, es más poderoso que yo, él os bautizará en Espíritu Santo y fuego" – Mateo 3:11

Este fue el versículo que me dio a entender, que todo este glorioso, majestuoso y gigantesco poder era el fuego del Espíritu Santo de Dios. ¡Gloria a Dios!

El Tormento Demoníaco que Cada Noche Atacaba a Toda una Familia

Capítulo Dos

Durante una tarde, un amigo que vivía frente a mi casa, al cual llamaremos Juan, vino a pedirme ayuda, él me explicó que en su casa durante las noches, todos sus familiares sentían que "algo" subía al techo, (por una de las esquinas de la casa), y comenzaba a caminar sobre la techumbre "provocando el pánico", sobre todo en los niños. A todo esto, se sumaba un ambiente de pesadez dentro del hogar, era como una acumulación de malas vibraciones y energías malignas dentro del ambiente.

Por lo tanto, la casa se transformaba en un "martirio durante las noches", en la cual era casi imposible conciliar el sueño y lograr el descanso. Juan también me comentó que hace un tiempo atrás, alguien o "algo" había tirado tierra de cementerio sobre la techumbre, y que desde entonces eran atormentados todas las noches.

Cuando me dijo que él quería que yo le ayudara, a sacar la tierra de cementerio del techo, se vinieron muchos pensamientos de temor a mi mente, tenía un conflicto interno entre decirle que no podía, porque era muy peligroso lidiar con ese tipo de cosas, y la otra parte que me instaba a ser valiente y ayudarlo.

Por lo cual traté de llenarme de valor, diciendo Dios mío protégeme, y que se haga tu santísima voluntad. Cuando llegamos a casa de la familia de Juan, les pedí que me dieran un poco de aceite de oliva (para consagrarla en oración), pero ellos no tenían, entonces les pedí un poco de sal, después junto con Juan nos subimos al techo, e inmediatamente comenzamos a sacar toda la tierra que encontramos.

Una vez que terminamos de sacar todo, estábamos completamente sorprendidos, porque habíamos quitado como 2 sacos de tierra del techo, lo cual era demasiado. No entendíamos por qué había tanta tierra sobre ese techo, no era normal, por lo tanto, no teníamos una explicación lógica. Debido a que la respuesta, solamente la podríamos encontrar en el plano sobrenatural.

Después de eso, pedimos una manguera de agua para lavar el techo, a lo cual los familiares de Juan nos respondieron, que era mejor utilizar agua caliente para ese trabajo, ya que ellos habían previamente calentado agua en un tambor grande. Así que comenzamos a arrojar el agua caliente sobre el techo para limpiarlo por completo.

Después de lavar toda la techumbre de la casa, comencé a consagrar la sal que me habían dado, con una oración en el nombre del Señor Jesús. Una vez echo esto, procedí a esparcir la sal en forma de una cruz grande sobre el techo, diciendo unas líneas de oración similares a esta:

"Padre Celestial, en el nombre de nuestro Señor Jesús Cristo, te pido humildemente que por favor consagres esta sal, para que sirva como un instrumento de consagración y liberación, gracias, amén. En el Poderoso nombre de mi Señor Dios y Salvador Jesús Cristo, limpio esta casa de todo mal y la consagro en el nombre de nuestro Señor Jesús, para que desde ahora en adelante, sea una casa de Dios y para Dios, que la unción y el poder del Espíritu Santo de Dios descienda sobre esta casa, y la santifique para la gloria de Dios.

Padre Dios Todopoderoso, por favor guarda a los habitantes de esta casa, los ponemos a todos ellos en tu poderosa mano, en el nombre de Jesús nuestro Señor, amén. Finalmente, pido a la divina sangre redentora de nuestro Señor Jesús Cristo, que cubra completamente esta casa, propiedad y familia. Oramos todo esto en el poderoso nombre de nuestro Señor y Salvador Dios Jesús Cristo, amén".

A la mañana siguiente, Juan apareció por mi casa, y en su rostro tenía una gran sonrisa, estaba completamente feliz y muy agradecido de Dios, y también por la ayuda que le brinde. Juan me comentó que aquella noche, después de la limpieza de la techumbre, su familia sintió nuevamente que "algo estaba tratando de subirse al techo", (como era de costumbre y por la misma esquina de la casa).

Pero que esta vez fue diferente, porque de repente se escuchó un gran estruendo, y también se sintió la vibración en el suelo, debido a que, "eso que trató de subirse" cayó desde el techo, y su caída fue sumamente fuerte en gran manera.

Lo que fuera que trató de subirse al techo, como de costumbre, esta vez no pudo hacerlo, y "grande fue su caída". Desde entonces, nunca más se repitió aquella tormentosa situación. Y "el ambiente de la casa cambio por completo", porque ahora se podía sentir paz, armonía y tranquilidad. Ahora todos en aquella familia podían dormir tranquilamente a gusto, y descansar. ¡Gloria a Dios! Esta valiosa experiencia trae a mi mente los siguientes versículos:

"SED SOBRIOS, Y VELAD; PORQUE VUESTRO ADVERSARIO EL DIABLO, COMO LEÓN RUGIENTE, ANDA ALREDEDOR BUSCANDO A QUIEN DEVORAR" – 1 PEDRO 5:8

"PORQUE NO TENEMOS LUCHA CONTRA SANGRE Y CARNE, SINO CONTRA PRINCIPADOS, CONTRA POTESTADES, CONTRA LOS GOBERNADORES DE LAS TINIEBLAS DE ESTE SIGLO, CONTRA HUESTES ESPIRITUALES DE MALDAD EN LAS REGIONES CELESTES" – EFESIOS 6:12

"PUES AUNQUE ANDAMOS EN LA CARNE, NO MILITAMOS SEGÚN LA CARNE; PORQUE LAS ARMAS

DE NUESTRA MILICIA NO SON CARNALES, SINO PODEROSAS EN DIOS PARA LA DESTRUCCIÓN DE FORTALEZAS" – 2 CORINTIOS 10:3-4

◆◆◆ **Consejo**: cada vez que nos exponemos luchando con huestes espirituales de maldad de forma directa, automáticamente nos convertimos en "objetivos a destruir", para el reino de las tinieblas. En consecuencia, debemos estar "cerca de Dios para estar protegidos", y en lo posible orar y ayunar, antes de entrar en batalla. Sobre todo, cuando nuestros enemigos son entidades demoníacas de "<u>alto rango</u>". Lo cual está confirmado por las palabras de nuestro Señor Jesús:

"Y REPRENDIÓ JESÚS AL DEMONIO, EL CUAL SALIÓ DEL MUCHACHO, Y ESTE QUEDÓ SANO DESDE AQUELLA HORA. VINIENDO ENTONCES LOS DISCÍPULOS A JESÚS, APARTE, DIJERON: ¿POR QUÉ NOSOTROS NO PUDIMOS ECHARLO FUERA? JESÚS LES DIJO: POR VUESTRA POCA FE; PORQUE DE CIERTO OS DIGO, QUE SI TUVIEREIS FE COMO un grano de mostaza, diréis a este monte: Pásate de aquí allá, y se pasará; y nada os será imposible. Pero este género no sale sino con oración y ayuno" – Mateo 17:18-21

Los Infernales Ataques Espirituales Demoníacos, que Cada Noche Tenia que Sufrir

Capítulo Tres

E stos infernales ataques, (los cuales han sido los peores en toda mi vida), comenzaban alrededor de las diez de la noche. En mi espíritu podía sentir cómo "dos entidades malignas" se aproximaban a la casa, el nivel de maldad que estos seres demoniacos tenían era inmensurable. Estos demonios solamente tenían un objetivo principal, el cual era "acabar conmigo", y arrastrar mi alma al tormento eterno.

Cada noche, cuando estas entidades demoniacas me llevaban hacia el sufrimiento extremo, también me "daban las instrucciones" en pensamientos, para que yo mismo terminara con mi vida, y así, "según ellos", poner fin a aquel agónico tormento. Es por esta misma razón, que muchas personas por todo el mundo, terminan con sus propias vidas, porque "espíritus demoníacos como estos" están detrás de dichos infortunios.

La manera en que estos demonios me atormentaban, era provocando **"ataques de pánico al ex-**

tremo", no sabía cómo lo hacían, que parte del sistema nervioso usaban para provocarlos, o que parte del alma, o del espíritu usaban para iniciar tan angustiante, agobiante, y terrible tormento.

Aunque los ataques de pánico son difíciles de describir, trataré de explicarlo de la mejor manera posible, mediante el siguiente ejemplo; si alguien se rompe gran parte de los huesos, sentirá un dolor que prácticamente es muy difícil de aguantar, o tolerar. Pero aunque dicho dolor sea extremadamente fuerte en magnitud, el afectado(a) nunca terminaría con su vida, para ponerle fin a aquel inmenso dolor.

Por otra parte, entre las personas que son atormentadas con ataques de pánico, algunos de ellos(as) simplemente no pueden aguantar más, este infernal y agobiante tormento, pierden el control, y terminan quitándose la vida. Es así de terrible, y "fulminante" este tipo de agónicos ataques, y el gran problema es cuándo "viene uno tras de otro", lo cual provoca que la desesperación y la agonía, alcancen <u>niveles extremos</u>.

Todas las noches estos demonios me atormentaban, dicho tormento duraba alrededor de una hora, después se retiraban. Creo que de alguna forma, Dios no les permitía a estos demonios extender los ataques por más tiempo, porque simplemente era "demasiado" para mí. Tampoco podía entender, como yo había podido ser capaz de aguantar, el sufrimiento infernal de estos agobiantes ataques por varias noches.

Yo le pedía al Señor Jesús que me ayudara, y que no permitiera a estos demonios que se acercaran a mí, pero igual ellos se acercaban, y comenzaban con su rutina de ataques. Todo lo que hice, las muchas oraciones de protección, liberación, entre otras más, "nada dio resultado". Cada noche tenía que sufrir los ataques infernales.

Hasta que un día, preguntando a algunos amigos y personas que conocíamos, se dio la casualidad que justamente alguien, había vivido una experiencia "similar a la mía", a quien llamaremos René, este amigo nos contó que en su caso particular, alguien le había hecho un tipo de brujería.

René nos relató que durante aquel tiempo, él estaba siendo víctima de diferentes aflicciones, y que por esto mismo, también bajo muchísimo de peso. Además, la mayoría de las cosas que él hacía, le salían mal, sufría de posesión momentánea, también durante las noches, era atacado por "algo invisible", hasta tal punto, que lo hacían "levitar un par de centímetros de su cama".

Al final de su relato, René me comentó como él había solucionado su problema, y fue cuando le recomendaron a una señora, que ayudaba a personas que eran víctimas de ataques sobrenaturales. Así fue como René logro salir de su terrible y angustiante situación. Por lo tanto, lo primero que hice, fue dirigirme con la señora que él me recomendó, a quien llamaremos Rebeca.

Cuando llegué con Rebeca, le comenté la pesadilla de mi situación, y ella me dio varias cosas, entre aquellas, estaba una botella con agua de hierbas medicinales, obviamente ella también hacía oraciones por mí. En resumidas palabras, yo tenía que ir a una sesión cada semana, para poder completar todo el tratamiento, no recuerdo bien el número exacto de sesiones, pero eran aproximadamente como 6 o 7.

Cuando termine mi tratamiento, ya me sentía completamente bien gracias a Dios, de echo durante la primera semana ya "se notaba la diferencia", y después con el transcurso de las semanas siguientes, el cambio era "notable". Estaba muy agradecido con Dios por haberme dirigido con Rebeca.

De alguna forma Dios la usó a ella, para liberarme a mí, y a muchísimas víctimas de brujería, como también lo fue en el caso de René. Así que por fin podía volver a dormir en paz, la armonía y serenidad volvió a reinar en mi ser. ¡Gloria a Dios!

♦♦♦ **Consejo**: cuando alguien se encuentra en una situación similar, en la cual se necesita de ayuda externa y con urgencia. Se recomienda buscar a un pastor de liberación, o a un grupo de liberación, preferentemente de alguna Iglesia Bautista o Pentecostal. Pero la opción más directa, sería "orar directamente al Espíritu Santo", para que Dios conduzca a la víctima, con la persona adecuada para ser liberado(a), así como lo fue en mi caso.

"[JESÚS] DESPOJANDO A LOS PRINCIPADOS Y A LAS POTESTADES, LOS EXHIBIÓ PÚBLICAMENTE, TRIUNFANDO SOBRE ELLOS EN LA CRUZ" – COLOSENSES 2:15

"Mas gracias sean dadas a Dios, que nos da la victoria por medio de nuestro Señor Jesucristo" – 1 Corintios 15:57

"Mas a Dios gracias, el cual nos lleva siempre en triunfo en Cristo Jesús" – 2 Corintios 2:14

El "Fatal Accidente Vehicular" que Casi me Cuesta la Vida, y la Intervención Sobrenatural de Dios

Capítulo Cuatro

Un día se me ocurrió la muy mala idea de conducir por las montañas, estando bajo una fuerte depresión. Pero ahora que analizo dicha situación, la cual era una "combinación fatal" de factores, me pregunto, esa idea de conducir por las montañas, encontrándome en un estado "no apto" para hacerlo, fue mía?, o ese pensamiento vino de "otra fuente"? ¿De "algo" que estaba, precisamente, "<u>preparando el escenario perfecto</u>" para un "desenlace fatal"?

Volviendo al punto inicial, de alguna forma "mi mente se encontraba en otro lugar" mientras conducía, pasaron los minutos y me encontraba a una gran altura. Pero al llegar a una de las curvas que estaba "sumamente cerrada", (en la cual yo iba muy rápido), traté de frenar, girando el auto rápidamente hacia la derecha, porque tanto al frente como a la izquierda se encontraba el barranco.

El gran problema surgió, después que hice la maniobra de girar el vehículo completamente hacia la derecha, (a gran velocidad), lo que provocó que el auto se volcara completamente. Para entonces los segundos se hicieron eternos, porque de alguna forma estaba viviendo los instantes del accidente, en una especie de cámara lenta, podía sentir y ver el techo del auto deslizándose sobre el pavimento en línea recta, la gravedad del problema, era que el barranco se encontraba a tan solo unos metros más hacia adelante.

A medida que el vehículo volcado continuaba deslizándose sobre su techo, se aproximaba más y más hacia el barranco, pero de pronto "algo" <u>frenó el avance del vehículo</u>, parando su movimiento por completo. Por lo cual, mi mente no podía comprender lo que estaba sucediendo, debido a que no había ningún objeto por delante antes de la curva. Pero lo más increíble, sucedió después de un par de segundos, cuando "sorpresivamente" el auto volcado sobre su techo, "<u>por sí solo</u>" comenzó a deslizarse nuevamente, pero esta vez en "sentido opuesto al barranco", ósea hacia la seguridad de la pared de la montaña.

No podía creer lo que estaba sucediendo, porque no tenía lógica alguna. Primero porque el deslizamiento del vehículo, fue prácticamente "<u>frenado</u>" a tan solo unos metros del barranco, y durante el mismo instante, como cinco segundos después, comenzó a "<u>deslizarse por sí solo</u>" en sentido contrario, hacia la seguridad de la pared de la montaña.

La única explicación que tengo acerca de la intervención sobrenatural, es que Dios envío a un ángel para intervenir en mi accidente, de lo contrario el vehículo hubiese seguido deslizándose, para terminar cayendo por el barranco, el cual era bastante profundo, (debido a la gran altura en la cual me encontraba).

Después de eso perdí la conciencia, minutos después despierto, y seguía con mi cabeza y hombros completamente tocando el techo del auto, y el cinturón de seguridad evitaba que el resto de mi cuerpo terminara sobre el techo también, (debido a que el vehículo estaba completamente volcado).

Después volví a perder la conciencia, y un tiempo más tarde desperté en el hospital. Un par de días después, mi hermano me mostró las imágenes de cómo había quedado el auto, el techo estaba hundido en un 50%, la carrocería estaba prácticamente irreconocible, casi toda torcida, algunos neumáticos reventados, en fin, las imágenes eran impactantes.

En resumen, no podía creer como había quedado ese vehículo, de tan solo mirar las imágenes, daba a entender que era prácticamente "imposible", que alguien sobreviviera a tal "fatal accidente". Pero en el fondo de mi ser, yo sabía que Dios había intervenido una vez más en mi vida, porque él ya lo había hecho varias veces antes. ¡Gloria a Dios!

"Pues a sus ángeles mandará acerca de ti, Que te guarden en todos tus caminos" – Salmos 91:11

"A sus ángeles mandará acerca de ti, en sus manos te sostendrán" – Mateo 4:6

"Porque escrito está: a sus ángeles mandará acerca de ti, que te guarden" – Lucas 4:10

◆◆◆ **Consejo**: durante mis investigaciones, encontré información clave, en la cual otros hermanos(as) en la fe, mediante revelaciones de Dios, han descrito como Satanás "crea las condiciones necesarias con anticipación", planificado la muerte o destrucción de los hijos(as) de Dios. Con el objetivo de prevenir que los siervos(as) del Altísimo produzcan frutos en el futuro, haciendo obras para el Señor y llevando almas a Cristo.

En mi caso particular, en aquel tiempo cuando sucedió mi accidente, me encontraba "alejado" de Dios. Por consiguiente, mi consejo para prevenir este tipo de situaciones, es primero, permanecer "cerca del Señor", segundo, estar atentos a las maquinaciones del enemigo, poner atención a nuestras corazonadas, presentimientos, sueños, etc., porque estas son **"señales"**, que también nos ayudarán a detectar cuando algo anda mal.

Cuando nos enfrentamos a sentimientos negativos o antivalores, como la depresión, angustia, ataques de pánico, desaliento, tristeza extrema, etc., es porque **"algo anda mal"**, formando el escenario perfecto, para que las huestes espirituales de maldad, causen "el máximo daño posible".

Por otro lado, debemos recordar que cuando "el Espíritu Santo de Dios está presente", viviendo dentro de la persona en cuestión, entonces dicha persona **"no tendrá antivalores"** como la depresión, porque donde reinan los valores positivos del Espíritu Santo, como la paz, entonces no hay cabida para la depresión, porque "estos se oponen entre sí", es como el aceite y el agua, no pueden mezclarse. Esta gran verdad la podemos confirmar en los siguientes versículos:

"¿O ignoráis que vuestro cuerpo es templo del Espíritu Santo, el cual está en vosotros, el cual tenéis de Dios, y que no sois vuestros?" – 1 Corintios 6:19

"Mas el fruto del Espíritu es amor, gozo, paz, paciencia, benignidad, bondad, fe, mansedumbre, templanza; contra tales cosas no hay ley" – Gálatas 5:22-23

El Impactante Rostro de Cristo, Sobre la Reja de Madera

Capítulo Cinco

Durante una agradable tarde, me encontraba visitando a un amigo en su pequeño departamento (de primer piso), ubicado en la parte de atrás de la casa donde él arrendaba. Estábamos justamente en el patio conversando, cuando de repente, sobre la reja de madera (que divide la casa con la del vecino), comenzó lentamente a "dibujarse un rostro", desde arriba hacia abajo, en cuya parte de arriba, comenzó a aparecer una "corona de espinas".

Cuando me di cuenta de aquello, ya sabía que era el rostro del Señor Jesús, y estaba siendo dibujado frente a nuestros propios ojos. Así que, trataré de describirles lo mejor posible todo lo que vi. Lo que estaba dibujando el rostro del Señor, era como una especie de fuego artificial, conocido como chispitas, el cual los niños suelen traer en sus manos durante fiestas conmemorativas, y espectáculos pirotécnicos.

Por lo tanto, irradiaba cientos de destellos de colores claros, y muy hermosos, además, en el momento que se estaba dibujando el rostro de Cristo, pareciera que "el tiempo estaba deteniéndose", pasando muy lento. El rostro del Señor reflejaba paz, armonía, y seguridad. Lo otro que note, es que la increíble combinación de colores claros, cambiaban a medida que los destellos iban apareciendo y desapareciendo, también tenían muchas tonalidades.

Mis ojos no podían creer lo que estaban viendo, de pronto giro y miro a mi amigo, su rostro estaba cubierto de lágrimas, con la boca abierta, totalmente impactado por lo que estaba viendo. Cuando la figura del rostro de Cristo estaba completamente dibujada, brillaba con luces y tonalidades de colores muy claros, eran luces que definitivamente no eran de este mundo, no pertenecían a nuestra realidad terrenal.

Nosotros estábamos atónitos contemplando la figura del rostro del Señor, la cual tuvo una duración de 1 a 2 minutos aproximadamente, (después de haberse dibujado por completo). Esa fue una de las ocasiones, en las cuales fui testigo de una visión en vivo, enviada por Él Altísimo. Me sentía muy afortunado, que una persona común y corriente como yo, tuviera el privilegio de presenciar algo tan majestuoso. ¡Gloria a Dios!

"[CRISTO] ÉL ES LA IMAGEN DEL DIOS INVISIBLE, EL PRIMOGÉNITO DE TODA CREACIÓN. PORQUE EN ÉL FUERON CREADAS TODAS LAS COSAS, LAS QUE HAY EN LOS CIELOS Y LAS QUE HAY EN LA TIERRA, VISIBLES E INVISIBLES; SEAN TRONOS, SEAN DOMINIOS, SEAN PRINCIPADOS, SEAN POTESTADES; TODO FUE CREADO POR MEDIO DE ÉL Y PARA ÉL. Y ÉL ES ANTES DE TODAS LAS COSAS, Y TODAS LAS COSAS EN ÉL SUBSISTEN" – COLOSENSES 1:15-17

"Y EN LOS POSTREROS DÍAS, DICE DIOS, DERRAMARÉ DE MI ESPÍRITU SOBRE TODA CARNE, Y VUESTROS HIJOS Y VUESTRAS HIJAS PROFETIZARÁN; VUESTROS JÓVENES VERÁN VISIONES, Y

VUESTROS ANCIANOS SOÑARÁN SUEÑOS; Y DE CIERTO SOBRE MIS SIERVOS Y SOBRE MIS SIERVAS EN AQUELLOS DÍAS DERRAMARÉ DE MI ESPÍRITU, Y PROFETIZARÁN. Y DARÉ PRODIGIOS ARRIBA EN EL CIELO, Y SEÑALES ABAJO EN LA TIERRA" – HECHOS 2:17-19

Momentánea Posesión, y Casi "Fatal Desgracia", La Intervención Sobrenatural de Dios

Capítulo Seis

Cuando era tan solo un adolescente como de 16 años, nos encontrábamos junto a mi hermana y mi pequeño sobrinito, (que si bien recuerdo él tenía menos de un año en ese entonces), estábamos alrededor de un mesón que era bastante alto. Yo tenía a mi sobrinito sentado sobre el mesón entre mis brazos.

Pero de repente, en tan solo "un abrir y cerrar de ojos", veo que él ya no estaba conmigo, sino que se encontraba sentado en la esquina del mesón. No podía creer lo que estaba viendo, como era posible, que en un momento él estaba conmigo, y en un abrir y cerrar de ojos ya no lo estaba, sino que se encontraba sentado en la esquina del mesón.

Toda la situación <u>carecía de lógica</u>, era "imposible", que un bebé se trasladará en menos de un segundo de un lugar a otro, como por arte de magia. Por lo tanto, no podía comprender lo que estaba pasando en ese momento.

Pero ahora, analizando aquella situación, lo único que se me viene a la mente, que podría responder esta incógnita, es el fenómeno de **"posesión momentánea"**, el cual generalmente dura "una cantidad de segundos", o en su defecto "un par de minutos", y como consecuencia, la persona "no recuerda lo que sucedió", durante ese breve lapso de tiempo.

Volviendo al punto inicial, de repente "el tiempo se congeló por completo", y los segundos se hicieron eternos, el pequeño cuerpo de mi sobrinito comenzó a inclinarse, comenzando a caer cabecita abajo. Dentro de mi ser, yo sabía que al caer de esa altura (de cabecita hacia el piso de baldosas), "no tenía posibilidad alguna de sobrevivir".

Tampoco tenía explicación lógica de cómo un pequeño bebé "comenzara a inclinarse, sin que él mismo hubiese hecho algún movimiento", (para facilitar dicho inclinamiento). Por lo tanto, la pregunta que uno se hace es; "¿qué fue lo que lo inclinó?, ¿para hacer que comenzara a caer?".

Mientras tanto, podía ver toda la escena en una "especie de cámara lenta", como él iba cayendo cabecita abajo hacia el piso, cuando de repente, a la mitad del trayecto de su caída, su pequeño cuerpo comienza a "girar misteriosamente, por sí solo" en 180 grados. Podía ver su pequeño cuerpo comenzando a "rotar", por lo que su cabecita termino completamente hacia arriba.

Pero no fue solamente eso, sino que también "lo sentaron muy lentamente sobre el piso". Mis ojos no podían creer lo que estaban viendo. Pasé desde la desesperación y angustia absoluta, al tremendo alivio, de ver que mi pequeño sobrinito fue librado de tal **fatal desenlace**. ¡Gloria a Dios!

Al pasar los días, después de haber presenciado tan "gigantesco milagro", mi mente buscaba respuestas, porque justamente para prevenir dichas situaciones, es fundamental saber cuál es la fuente que origina el problema. Es así como llegó la respuesta a mi espíritu, revelando el método de "posesión momentánea", donde entidades demoníacas toman temporalmente el control de la mente y cuerpo de sus víctimas, por lo cual los afectados(as) no recuerdan lo que sucedió.

Por lo tanto, en dicho periodo de tiempo, las huestes espirituales de maldad provocan "todo tipo de cambios", para generar accidentes, fatalidades, infortunios, desgracias, etc. Todo lo que hacen estas entidades malignas es **diabólicamente planeado** con anticipación, y con la finalidad de hacer el máximo daño posible a sus víctimas".

El fenómeno de "posesión momentánea", solamente se puede dar, en aquellas personas que se encuentran "alejadas de Dios". Por otra parte, en cuanto al "milagro sobrenatural" que sucedió, no pudo haber sido otro, que la "intervención del ángel guardián" asignado a mi sobrinito. Una vez más el Altísimo estaba presente, obrando milagros en nuestras vidas, sobre todo cuando más lo necesitamos. ¡Gloria a Dios!

"EL ÁNGEL QUE ME LIBERTA DE TODO MAL, BENDIGA A ESTOS JÓVENES; Y SEA PERPETUADO EN ELLOS MI NOMBRE" – GÉNESIS 48:16

"HE AQUÍ YO ENVÍO MI ÁNGEL DELANTE DE TI PARA QUE TE GUARDE EN EL CAMINO" – ÉXODO 23:20

"A SUS ÁNGELES TE ENCOMENDARÁ PARA QUE TE GUARDEN" – LUCAS 4:10

◆◆◆ **Advertencia**: lo que me sucedió a mí, en esta casi fatal desgracia, fue un "accidente", el cual también tubo un "origen sobrenatural". Bajo ninguna circunstancia traten de probar a Dios, de ninguna forma, ni de ninguna manera, porque el Todopoderoso

"no puede ser probado", lo cual es un **"pecado sumamente grave"**. Es más, el mismo Satanás tentó a nuestro Señor Jesús, poniéndolo a prueba, y lo podemos confirmar en el siguiente versículo:

"[SATANÁS] LE DIJO: SI ERES HIJO DE DIOS, ÉCHATE ABAJO; PORQUE ESCRITO ESTÁ: A SUS ÁNGELES MANDARÁ ACERCA DE TI, Y, EN SUS MANOS TE SOSTENDRÁN, PARA QUE NO TROPIECES CON TU PIE EN PIEDRA. JESÚS LE DIJO: ESCRITO ESTÁ TAMBIÉN: NO TENTARÁS AL SEÑOR TU DIOS" – MATEO 4:6-7

También, el Todopoderoso lanza una **"mortal advertencia"**, a todos aquellos que por voluntad propia, dañen a los pequeñitos:

"¡AY DE AQUEL POR QUIEN VIENEN! MEJOR LE FUERA QUE SE LE ATASE AL CUELLO UNA PIEDRA DE MOLINO Y SE LE ARROJASE AL MAR, QUE HACER

TROPEZAR A UNO DE ESTOS PEQUEÑITOS" – LUCAS

17:1-2

La Presencia de Entidades Demoníacas Extraterrestres, La Casi Abducción, y la Increíble Intervención del Todopoderoso

Capítulo Siete

Durante una noche al encontrarme durmiendo, desperté con una sensación de inminente peligro, era como si mi espíritu a través de mis sentidos, me advirtiera que "algo andaba muy mal", y para mi sorpresa cuando abro mis ojos, no podía ver absolutamente nada, porque estaba completamente cegado por una "poderosa clase de luz blanca". Así que, voy a tratar de explicarlo de la mejor manera posible.

La luz blanca era como una especie de "neblina" que lo cubría todo, y que carecía completamente de tonalidades, solamente un color blanco intenso, el cual "no permitía ver absolutamente nada". Pero a eso se sumaba otro problema más, porque no podía mover ni un solo músculo de mi cuerpo, debido a que me encontraba "totalmente paralizado".

Por lo tanto, estaba completamente desesperado, angustiado, y con un total terror, al no poder saber qué es lo que sucedía en mi propia habitación. En ese mismo instante no sé cómo lo supe, pero de alguna forma mi espíritu puso el conocimiento en mi mente, que mi cama estaba "completamente rodeada" por entidades demoniacas extraterrestres.

Además, el problema era que aquellas entidades malignas, no solamente no me permitían ver, ni tampoco moverme debido a la parálisis, sino que también de alguna forma, estaban "absorbiendo toda mi energía interna", me estaban debilitando tanto corporalmente como espiritualmente.

Por lo cual, ya "no tenía fuerza alguna en mi interior", era tan grave el problema, que ni siquiera era capaz de articular pensamientos, o decir alguna palabra mentalmente, porque quería llamar al Señor Jesús para que me ayudara, pero ya no podía hacerlo, a lo cual, el último pensamiento que salió desde lo profundo de mi ser fue; "voy a morir".

En ese momento se escuchó el sonido de un gran estruendo, de un "**relámpago**", mi espíritu podía sentir su "gigantesco poder", omnipotencia y absoluta autoridad que emanaba de aquel relámpago, y en ese preciso instante, ya podía volver a ver nuevamente, moverme, e inclinar mi cuerpo sobre mi cama para sentarme.

No podía creer lo que había sucedido, me encontraba totalmente atónito, dentro de mi mente cruzaban pensamientos de un lado a otro, tratando de dilucidar, toda aquella extraña situación que había vivido. De hecho, anteriormente había escuchado de varios casos, conocidos como "visitantes de dormitorio", en el cual entidades demoniacas extraterrestres, ingresan en los dormitorios de sus víctimas. Pero jamás nunca se cruzó por mi mente, que yo iba a ser parte de eso.

Lo que sí tenía muy claro, era que aquellas entidades demoniacas alienígenas estaban a punto de abducirme. Pero lo que me llamó enormemente la atención en mi caso particular, era el porqué drenaron

<u>toda mi energía interna</u>, al punto de ni siquiera permitirme "articular pensamientos".

Creo que es porque las entidades demoniacas saben muy bien quienes son cristianos, y quienes no lo son. Por lo tanto, ellos sabían perfectamente bien, que yo trataría de pedir ayuda al Señor Jesús, y que fue precisamente esta razón, por la cual estaban drenando toda mi energía interna, para así poder evitar que yo invocara al Señor.

Por otro lado, cuando me di totalmente por vencido, debido a que no me quedaba energía alguna, ni siquiera para formular algún pensamiento, apareció en escena la potestad de Dios Todopoderoso, porque se podía sentir toda su "infinito poder y absoluta autoridad" en aquel relámpago. Esto trajo a mi mente los siguientes versículos:

"PORQUE JEHOVÁ VUESTRO DIOS VA CON VOSOTROS, PARA PELEAR POR VOSOTROS CON-

TRA VUESTROS ENEMIGOS, PARA SALVAROS" – DEUTERONOMIO 20:4

"JEHOVÁ PELEARÁ POR VOSOTROS, Y VOSOTROS ESTARÉIS TRANQUILOS" – ÉXODO 14:14

"NO LOS TEMÁIS; PORQUE JEHOVÁ VUESTRO DIOS, ÉL ES EL QUE PELEA POR VOSOTROS" – DEUTERONOMIO 3:22

Así fue como nuevamente el Señor Dios, apareció otra vez para salvarme, por lo cual le estoy infinitamente agradecido. ¡Gloria a Dios!

♦♦♦ **Solución**: en la mayoría de los casos, así como en muchos testimonios de cristianos, en el momento en que las personas se ven afectadas por el fenómeno de "visitantes de dormitorio", además de pedir por la divina presencia del Señor Jesús, se debe invocar a la "santísima sangre redentora" de nuestro Señor Jesús Cristo sobre nosotros.

Ahora, lo mejor que podemos hacer para "evitar el ingreso de los visitantes de dormitorio", es invocar la divina sangre de Cristo (antes de irse a dormir), para que "nos cubra completamente en el lecho de descanso".

Incluso esto va mucho más allá, porque también se han detectado muchos casos de cristianos, en los cuáles por ejemplo, a partir del momento que ven un ovni en el cielo, inmediatamente invocan a la divina sangre de Cristo sobre dicho ovni, y este "desaparece de forma instantánea", (lo cual se hace con fe).

Exactamente lo mismo sucede, cuando han visto a estas entidades demoniacas extraterrestres alrededor, o dentro de las propiedades de creyentes, desde el momento en que se invoca, a la santísima sangre del Señor Jesús, éstos desaparecen instantáneamente.

La Implantación de Pensamientos Pecaminosos; Control y Programación Mental Durante la Noche

Capítulo Ocho

Durante una noche mientras dormía, de repente despierto con una "sensación de urgencia", de que algo andaba mal, "algo malo estaba sucediendo" en ese momento. Al abrir mis ojos podía ver mi habitación, (porque previamente me había quedo dormido con la luz encendida). Al momento de tratar de incorporarme para sentarme en mi cama, me doy cuenta que no podía hacerlo, porque estaba <u>totalmente paralizado</u>, no podía mover ni un solo músculo de mi cuerpo.

Por lo tanto, lo único que podía hacer era observar, de pronto me doy cuenta que podía ver "algo", y era como unos pequeños brazos, similares a los de un "duende" o algo por el estilo. Esta entidad demoníaca no tenía una piel normal, sino que era algo horriblemente asqueroso, repugnante, al extremo que simplemente daba asco de tan solo mirar aquello.

Solamente podía ver parte de sus brazos, y una parte de su cuerpo, note que estaba sentado sobre mi pecho con sus brazos extendidos, y "sus manos estaban sobre mi cabeza", gracias a Dios que no pude ver su rostro, porque creo que, a lo mejor me hubiese dado un ataque cardíaco por el gran susto.

Lo que me llamo enormemente la atención, era que yo no lo estaba viendo completamente, sino que solamente podía ver "partes", y a veces desde un "ángulo específico". Era como si me "permitieran ver", solamente ciertas partes de este pequeño demonio duende.

De alguna forma Dios puso en mi mente el conocimiento, que este ser demoníaco, estaba haciendo una especie de **"programación mental"**, mientras yo dormía. El cual estaba poniendo "toda clase de <u>pensamientos destructivos, y pecaminosos</u> en mi cabeza". De alguna forma estaba **"programando mi mente"**, con el objetivo de <u>hacerme caer en pecado</u>, para hacer "lo que no es bueno delante de los ojos de Dios".

También me percaté que aquella "<u>programación mental demoníaca</u>", ocasionaría un "conflicto interno de pensamientos", por el hecho, de implantar el deseo de hacer lo que está mal, lo cual va en contra de mi propia voluntad. Por lo tanto, es como "<u>hacer lo que no quiero hacer</u>".

Justamente esta última frase, me recuerda al conflicto que describe el Apóstol Pablo en su carta a los Romanos:

"Porque no hago el bien que quiero, sino el mal que no quiero, eso hago. Y si hago lo que no quiero, ya no lo hago yo, sino el pecado que mora en mí" – Romanos 7:19-20

En la parte de este versículo donde dice; "<u>sino el pecado que mora en mí</u>". Es justamente lo que estaba haciendo este pequeño demonio duende, el cual estaba "<u>introduciendo el pecado en mi mente</u>", para hacerme hacer lo que no es bueno, lo que no quiero hacer.

Por lo tanto, aquí podemos observar, que esta es "otra manera, u otra forma de hacer pecar a la gente". Porque la manera tradicional que nosotros más conocemos, es cuando los demonios usan "la tentación", como medio para lograr que la gente caiga en el pecado.

En consecuencia, así como a la mayoría de las personas que son tentadas, caen en pecado, de la misma forma, la mayoría de las personas que recibieron **"programación mental demoníaca"**, (implantación de pensamientos pecaminosos), terminan cayendo en el pecado también.

Por otra parte, si la víctima está cerca de Dios, se resistirá a hacer el pecado, ya sea producto de una tentación, o programación mental.

"Someteos, pues, a Dios; resistid al diablo, y huirá de vosotros" – Santiago 4:7

"Bienaventurado el varón que soporta la tentación; porque cuando haya resistido la prueba, recibirá la corona de vida, que Dios ha prometido a los que le aman" – Santiago 1:12

♦♦♦ **Solución**: para evitar este tipo de ataques, es necesario estar "cerca de Dios", (yo en aquel entonces estaba alejado del Señor). Cuando una persona está cerca de Dios, vive en "obediencia diariamente", lo cual trae fidelidad al Altísimo, y como resultado; hace que El Espíritu Santo viva dentro de la persona. Además, también garantiza la "protección del ángel guardián", El cual actúa inmediatamente en favor de su protegido.

También es fundamental, tener la costumbre de invocar a la santísima sangre redentora de Cristo sobre nosotros, en nuestro lecho de descanso, hogar y familia. Esto se hace antes de irse a descansar cada noche.

El Ojo de Dios, Ante la Entrada de los Ataques de Pánico

Capítulo Nueve

Durante una noche, comencé a ser fuertemente atacado con principios de ataques de pánico, lo cual es una "sensación de profunda desesperación", ante la "pérdida total de la paz interior", (esta sensación es previa, ósea viene antes, que los ataques de pánico). Una vez que dicha angustiante sensación logra avanzar, entonces la entrada de los ataques de pánico se hace "inminente". Por lo tanto, cuando comencé a experimentar aquello, traté de hacer todo lo posible para frenarlo, y evitar que se manifestaran.

En resumen, tuve que llamar a una amiga, quien también padeció de ataques de pánico en su vida, porque ella sabía muy bien del tema. Así que la visite, y nos quedamos hablando de cómo hacer, para evitar este tipo de episodios, que tanto sufrimiento traen.

Después de unas horas volví a mi departamento, pero desafortunadamente volvió la sensación de desesperación y angustia. Por lo que traté por todos los medios de quedarme dormido lo antes posible, para así poder "escapar de la pesadilla" y tener algo de descanso.

Pero infelizmente tampoco podía conciliar el sueño, y me toco sufrirla bastante esa noche, lo pasé sumamente mal. Con el paso de las horas de alguna forma me quedé dormido. Cuando desperté al día siguiente, abrí los ojos y me incliné para sentarme en la cama.

En ese mismo instante veo algo increíble, ante mis propios ojos estaba "<u>proyectándose una especie de video en directo</u>" (una visión), a la cual la astronomía denomina como; "el ojo de Dios", conformado por la "Nebulosa de la Hélice".

Cuando veo esta "especie de video en directo", que se está mostrando frente a mis propios ojos, lo estaba haciendo en vivo, y todos los bordes de la secuencia de la visión, tenían como una especie de desvanecimiento, pero solamente los bordes. El video no era cuadrado ni redondo, sino que tenía, como la forma de una "figura geométrica de elipse".

No podía creer lo que estaban viendo mis ojos, estaba totalmente estupefacto, increíblemente, la sensación que transmitía aquello, era de "paz, tranquilidad y seguridad". Era como si Dios tratara de mostrarme algo que podría "simbolizar" a sus ojos, debido a que Dios Padre es invisible porque Espíritu es.

"Dios es Espíritu" – Juan 4:24

Por lo tanto, como Dios Padre Todopoderoso no puede mostrarnos sus verdaderos ojos, eligió a su creación de la Nebulosa de la Hélice, para "transmitirme el mensaje", de que Él siempre "nos está observando", que nos está cuidando, y que por lo tanto, no debemos darle cabida a los espíritus de temor en nuestras vidas.

Pero aun así, yo estaba en shock, porque mi mente terrenal no podía comprender, lo que estaba frente a mis propios ojos, y durante varios segundos mis ojos simplemente no pestañearon, debido a que estaba totalmente impactado, (como congelado en el tiempo). Por lo que no sé cuantos segundos pasaron. Pero cuando finalmente mis ojos pestañearon, al abrirlos nuevamente, esa especie de video en directo (visión), por decirlo de alguna manera, ya había desaparecido por completo.

El pensamiento que recibí en mi espíritu fue algo parecido a esto; "no temas, porque yo estoy siempre contigo, estoy observándote a cada segundo, y de mi vista jamás te pierdes". Esto puso en mi mente los siguientes versículos:

"Mira que te mando que te esfuerces y seas valiente; no temas ni desmayes, porque Jehová tu Dios estará contigo en dondequiera que vayas" – Josué 1:9

"¿No se venden dos pajarillos por un cuarto? Con todo, ni uno de ellos cae a tierra sin vuestro Padre. Pues aun vuestros cabellos están todos contados. Así que, no temáis" – Mateo 10:29-31

Al tomar conocimiento de estos versículos en las sagradas escrituras, me di cuenta que realmente nunca estamos solos. ¡Gloria a Dios!

"¿O ignoráis que vuestro cuerpo es templo del Espíritu Santo, el cual está en vosotros, el cual tenéis de Dios, y que no sois vuestros?" – 1 Corintios 6:19

El Brujo en el Espejo, y el Comienzo de la Enfermedad de la Apnea del Sueño

Capítulo Diez

Lo que les voy a relatar no es un sueño, ni tampoco una visión, me sucedió mientras me encontraba "despierto, y totalmente consciente". También debo destacar, que a lo largo de mi vida he tenido buena salud, gracias a Dios. Pero durante varios días, comencé a experimentar graves problemas cardíacos, "cada vez que dormía". Despertaba con los latidos del corazón extremadamente acelerados, porque durante el sueño, simplemente dejaba de respirar, y por consecuencia, el oxígeno no ingresaba a los órganos de mi cuerpo.

Por lo tanto, mi corazón latía "extremadamente rápido", para enviar el poco oxígeno que aún tenía en mis venas, a mis órganos vitales. De hecho, al principio de estos incidentes, nunca pensé que mi corazón pudiese bombear tan rápido, cuando puse mi mano derecha sobre mi corazón, sentí como las palpitaciones eran extremadamente aceleradas, a tal nivel que me provocaba un tremendo susto, porque yo sabía dentro de mí que era altamente peligroso.

Debido a que si esta situación continuaba, el músculo cardíaco podría sufrir serios daños, complicaciones, lesiones o hasta un colapso total, pudiendo incluso provocar la muerte. Lo cual me causaba terror cada vez que me iba a dormir, y por esa misma razón siempre trataba de reducir las horas de sueño.

Así que comencé a orar a nuestro Padre Celestial, para que este grave problema de salud que había comenzado "misteriosamente de la nada", terminara de una vez por todas. Por lo tanto, oraba todos los días pidiendo sanación.

También cabe mencionar algo extraño y muy importante, porque tenía una "**sensación de mucha desconfianza**" hacia el espejo del armario, no sé por qué, pero tenía el presentimiento de que "algo no estaba bien con ese espejo".

De hecho con el paso de los días, lo había tapado con una toalla, pero a pesar de estar tapado, la sensación de que algo estaba mal con ese espejo "persistía". El problema es que como seres humanos, <u>"nuestra carne lucha contra nuestro espíritu, y nuestro espíritu contra la carne"</u>. Justamente esto sucede cuando tenemos **"presentimientos"**, porque estos "proceden de nuestro espíritu", y por eso, "la carne no les quiere prestar la atención que requieren", y por lo tanto, trata de ignorarlos.

Además, yo sabía dentro de mí que este problema cardíaco, producto de la **"apnea del sueño"** <u>no era de origen natural</u> (en mi caso particular), sino que "sobrenatural". Así fueron pasando las semanas, y al cabo de un mes, durante una noche me desperté con la sensación de que <u>"algo estaba muy mal"</u>. Cuando me siento en la cama, lo primero que veo es **"el espejo del armario"**, y dentro de este estaba la figura de un hombre, que vestía una camisa de color crema, y se le veía desde el cuello hasta un poco más de la altura de la cintura, por lo cual, no podía ver su rostro.

No podía creer lo que veían mis ojos, y sabía perfectamente bien que no era un sueño, porque estaba "completamente despierto". Pero aun así mi cerebro, en otras palabras mi carne, se negaba a reconocer esto como una realidad. Cuya confirmación la podemos encontrar en el siguiente versículo:

"Porque el deseo de la carne es contra el Espíritu, y el del Espíritu es contra la carne; y estos se oponen entre sí" – Gálatas 5:17

Así que sacudí mi cabeza a ambos lados, porque mi mente carnal pensaba que podría ser una alucinación, o algo por el estilo. Después de haber sacudido mi cabeza, pensé que ya no vería más a este hombre, pero para mi gran sorpresa, cuando vuelvo a mirar al espejo, "aquel hombre seguía presente", y él incluso había cambiado de posición, acercándose un poco más a mí.

Yo estaba "totalmente aturdido en shock", porque me di cuenta que esto era <u>absolutamente real</u>, y que estaba sucediendo frente a mis propios ojos, lo cual trajo a mi mente el siguiente versículo:

"[Practicó la hechicería] fue agorero, e instituyó encantadores y adivinos, multiplicando así el hacer lo malo ante los ojos de Jehová, para provocarlo a ira" – 2 Crónicas 21:6

Incluso Dios mismo hace una <u>clara advertencia</u>, a todos los que practican la brujería y las ciencias ocultas:

"Estas dos cosas te vendrán de repente en un mismo día, orfandad y viudez; en toda su fuerza vendrán sobre ti, a pesar de la

MULTITUD DE TUS HECHIZOS Y DE TUS MUCHOS ENCANTAMIENTOS. PORQUE TE CONFIASTE EN TU MALDAD, DICIENDO: NADIE ME VE. TU SABIDURÍA Y TU MISMA CIENCIA TE ENGAÑARON, Y DIJISTE EN TU CORAZÓN: YO, Y NADIE MÁS. VENDRÁ, PUES, SOBRE TI MAL, CUYO NACIMIENTO NO SABRÁS; CAERÁ SOBRE TI QUEBRANTAMIENTO, EL CUAL NO PODRÁS REMEDIAR; Y DESTRUCCIÓN QUE NO SEPAS VENDRÁ DE REPENTE SOBRE TI" – ISAÍAS 47:9-11

Así como el destino final, de todos los que practican la brujería, hechicería y similares, anunciado en el siguiente versículo:

"PERO LOS COBARDES, LOS INCRÉDULOS, LOS ABOMINABLES, LOS ASESINOS, LOS INMORALES, LOS HECHICEROS, IDÓLATRAS, Y TODOS LOS MENTIROSOS TENDRÁN SU HERENCIA EN EL LAGO QUE ARDE CON FUEGO Y AZUFRE, QUE ES LA MUERTE SEGUNDA" – APOCALIPSIS 21:8

Cuando mi cerebro por fin tomó conciencia, que lo que estaba sucediendo era "real", entonces reaccioné, e invoqué la poderosa y divina sangre redentora de mi Señor Dios Jesús <u>sobre el espejo</u>, "para romper la brujería" de los poderes de las tinieblas, y señalando al espejo dije algo similar a esto:

"En el nombre de mi Señor Dios Jesús Cristo, y por el poder de su divina sangre redentora, rompo y destruyo completamente las hechicerías, y brujerías que están relacionadas con este espejo, y todos ustedes poderes espirituales de maldad se van al abismo ahora, nunca más regresen y tampoco envíen refuerzos. También cierro y sello el portal de este espejo, en el nombre de mi Señor Jesús, y por el poder de la divina sangre de mi Señor Dios Jesús Cristo, amén".

Después de eso me quedé pensando unos minutos, acerca de todo lo que había pasado, y más tarde traté de dormir. Al día siguiente lo primero que hice fue <u>sacar el espejo del armario</u>. También hice otra oración muy parecida a la descrita anteriormente, y el espejo lo coloqué en un rincón de la otra habitación, "de cara hacia la pared", y nunca más lo volví a utilizar. La **enseñanza** que aprendí de esta experiencia es, que "<u>jamás debemos tener espejos dentro de nuestras habitaciones</u>", (en las cuales dormimos). Debido a que los poderes espirituales de maldad los utilizan como **"portales"**.

Por esta misma razón se debe enfatizar, que "ningún cristiano debe tener espejos dentro de su dormitorio", los espejos pequeños pueden ser la excepción, porque cuando dejamos de utilizarlos simplemente los tumbamos, (y esto lo hacemos como "una medida de precaución"). Recuerden que cada día, la batalla espiritual por las almas aumenta, y por lo tanto, debemos tomar las precauciones y medidas necesarias para protegernos.

◆◆◆ **Enseñanza**; lo otro que aprendí de esta valiosa experiencia, es que "<u>nunca debemos hacer caso omiso de los presentimientos, intuiciones, corazonadas</u>, et c.". Porque son una forma más, que Dios utiliza para "advertirnos de un peligro". Así como lo fue en mi caso, cuando tuve el "**fuerte presentimiento, y desconfianza**" de que "<u>algo andaba mal con ese espejo</u>".

El hecho de prestar la debida atención a los presentimientos y similares, nos "permite tomar las medidas necesarias para lidiar con el problema". En este punto debemos prestar mucha atención, porque "<u>cuando no actuamos a tiempo</u>", entonces los poderes espirituales de maldad causarán aún más daños, incluso en algunos casos, podría llegar a tener consecuencias fatales.

Cómo Dios se Comunica con Nosotros

Capítulo Once

Desde las primeras generaciones de la antigüedad, Dios se ha estado comunicado con su pueblo, principalmente, a través de <u>visiones y sueños</u>. De hecho, durante los primeros tiempos del pueblo hebreo, a los hombres de Dios que veían visiones y sueños, eran llamados, y conocidos como "<u>videntes</u>". Así como lo confirma el siguiente versículo:

"(Antiguamente en Israel, cualquiera que iba a consultar a Dios, decía así: Venid y vamos al vidente; porque al que hoy se llama profeta, [en aquel tiempo] entonces se le llamaba vidente") – 1 Samuel 9:9

Por lo tanto, los "<u>videntes o profetas</u>" recibían las comunicaciones directas de Dios, principalmente a través de "**visiones y sueños**". Dios es el mismo hoy, ahora y siempre. Por lo tanto, Él Altísimo nunca cambia, y sigue comunicándose de la misma manera con sus hijos, en los últimos tiempos. Así como lo confirma el siguiente versículo:

"MAS ESTO ES LO DICHO POR EL PROFETA JOEL: Y EN LOS POSTREROS DÍAS, DICE DIOS, DERRAMARÉ DE MI ESPÍRITU SOBRE TODA CARNE, Y VUESTROS HIJOS Y VUESTRAS HIJAS PROFETIZARÁN; VUESTROS JÓVENES VERÁN VISIONES, Y VUESTROS ANCIANOS SOÑARÁN SUEÑOS; Y DE CIERTO SOBRE MIS SIERVOS Y SOBRE MIS SIERVAS EN AQUELLOS DÍAS DERRAMARÉ DE MI ESPÍRITU, Y PROFETIZARÁN" – HECHOS 2:16-18

En otras palabras, "el Espíritu Santo vendrá sobre los hijos e hijas de Dios", y profetizarán. Por eso es clave, y tan importante conocer la palabra del Altísimo, para poder "salir de la ignorancia", y en este caso, ser conscientes de cómo Dios se comunica con nosotros.

Porque de lo contrario, estaríamos completamente ignorando las comunicaciones de nuestro Padre Celestial, y a su vez, estaríamos perdiendo "información valiosísima", la cual puede hacer "la diferencia en nuestras vidas". Porque escrito está, "las visiones y sueños" son un medio de comunicación, y conocimiento de Dios para con su pueblo.

También debemos recordar, que el Espíritu Santo de Dios nos da el don del discernimiento, y a través de este don, podemos saber cuándo "un sueño proviene de Dios", o cuando es solamente un sueño común y corriente. Por lo tanto, nosotros tenemos el discernimiento a través del espíritu, porque para poder distinguir si algo es de origen espiritual, entonces debemos "**discernirlo espiritualmente**", porque el espíritu conoce lo espiritual y la mente lo terrenal. Así como lo confirma el siguiente versículo:

"PERO EL HOMBRE NATURAL NO PERCIBE LAS COSAS QUE SON DEL ESPÍRITU DE DIOS, PORQUE

PARA ÉL SON LOCURA, Y NO LAS PUEDE ENTENDER, PORQUE SE HAN DE DISCERNIR ESPIRITUAL-MENTE" – 1 CORINTIOS 2:14

No es ningún misterio que el mundo de los sueños, está "ligado en gran medida al mundo espiritual". Incluso nosotros también somos "probados dentro de los sueños". Por lo tanto, debemos conservar el buen comportamiento, que está en sintonía con la voluntad de Dios, incluso dentro de los sueños.

Porque la santidad, no se trata solamente de un buen comportamiento en lo terrenal, sino que también en los "sentimientos, pensamientos, sueños, et c.". La **santidad** es un "<u>compendio de toda nuestra existencia, en todos los planos</u>", y "la necesitamos para poder ver y estar con el Señor", lo cual está confirmado en el siguiente versículo:

"SEGUID LA PAZ CON TODOS, Y LA SANTIDAD, SIN LA CUAL NADIE VERÁ AL SEÑOR" – HEBREOS 12:14

Finalmente, debemos recordar que "el Altísimo también nos advierte de peligros", a través de <u>presentimientos, premoniciones, corazonadas, intuiciones, pensamientos, o voz audible que podemos escuchar en nuestro espíritu</u>. Porque Dios es espíritu, y por lo tanto, "Él se comunica directamente a nuestro espíritu".

Por ejemplo, cuando alguien tiene un **"fuerte presentimiento"**, que no es bueno salir con cierta persona, o de visitar un lugar específico, o entrar en cierta casa, o al tomar una decisión precipitada, etc. Por consiguiente, nosotros los cristianos debemos ser conscientes que los presentimientos, corazonadas, premoniciones, intuiciones y sensaciones de alerta, están <u>íntimamente ligados a nuestro espíritu</u>, el cual tiene "conexión directa al Espíritu Santo de Dios" que mora dentro de nosotros.

"Guarda el buen depósito por el Espíritu Santo que mora en nosotros" – 2 Timoteo 1:14

"¿No sabéis que sois templo de Dios, y que el Espíritu de Dios mora en vosotros?" – 1 Corintios 3:16

◆◆◆ Conclusión de la **enseñanza**: como podemos ver, debemos prestar la debida atención a nuestros presentimientos, intuiciones, corazonadas, premoniciones, etc., para poder aprender a desarrollar "una comunicación fluida, y eficaz" con el Espíritu Santo de Dios. El flujo del conocimiento directo de Dios, funciona de la siguiente manera: "El Espíritu Santo se comunica directamente con nuestro espíritu", después pasa desde nuestro espíritu a nuestra alma, (la cual es una especie de conexión directa entre espíritu y el cuerpo físico), y finalmente pasa de nuestra alma al corazón, y justamente de ahí viene la frase: "<u>tengo una corazonada</u>", y corazonada es un término familiar, o similar al de presentimiento, intuición, premonición, etc.

Por lo tanto, es precisamente El Espíritu Santo de Dios, quien nos guiará en estos últimos tiempos, donde la batalla por las almas se acelera cada vez más, a medida que nos acercamos al final.

"[Y Jesús dijo:] mas el Consolador, el Espíritu Santo, a quien el Padre enviará en mi nombre, él os enseñará todas las cosas, y os recordará todo lo que yo os he dicho" – Juan 14:26

La Visión del Hijo de Perdición, La Bestia, El Anticristo, 666

Capítulo Doce

Esta es una visión que el Señor me dio hace varios años, y sucede cuando yo estaba sentado en mi cama, de pronto comienzo a ver una visión, en la cual me encontraba en la antigua casa (que había habitado durante mi adolescencia). Por la puerta principal venían entrando "dos personas", (yo me encontraba solo en el living). Una de estas personas era el Anticristo, venía vestido con un traje formal de gala de color oscuro, su apariencia era como la de un hombre de negocios, de raza blanca, y sumamente elegante.

La otra persona, que estaba justo al lado del Anticristo, y que venía entrando juntamente con él, era el Señor Jesús, y venía vestido con una túnica de color claro, parecida a las que usaba el pueblo hebreo, durante la invasión del imperio romano.

Cuando ellos dos venían entrando, lo hacían "al mismo instante", y el tiempo estaba como congelado, porque podía ver todos sus movimientos en mili-segundos, por lo cual cada segundo pasaba muy lentamente.

De pronto toda mi atención se enfocó en el Anticristo, debido a su gran maldad, porque podía sentir como este maléfico ser, desprendía inmensas cantidades de energía malévola, satánica, diabólica, con un nivel de maldad que era prácticamente "inmensurable".

Todo esto me causaba un inmenso terror, además de estar completamente aterrorizado, también estaba en shock, porque el nivel de maldad que había en este hombre, "sobrepasaba de manera absoluta a todo el mal que existe en el planeta", era algo que no pertenecía a este mundo, era como toda la maldad que venía del mismo infierno, (la cual prácticamente no tenía límite).

En aquella maldad había una rabia infinita, ira, homicidios, cólera, furia, odio, etc., en fin "todo lo que es malo estaba personificado en este hombre", cada célula de mi ser podía sentir "esa maldad sin fin". De alguna forma, Dios me permitió sentir, y ver al Anticristo casi en su totalidad. Por eso cada célula de mi cuerpo pedía auxilio, así que (en mi mente terrenal), le pedí ayuda a mi mamá, porque sabía que ella estaba cerca. Pero cada vez que la llamaba, el Anticristo se aproximaba más y más.

De alguna forma me di cuenta, que lo que estaba haciendo "estaba mal", porque yo estaba pidiendo ayuda a una persona común y corriente, a un ser humano como yo, y eso estaba totalmente incorrecto. Porque el único que nos puede ayudar contra los poderes del Reino de las Tinieblas, es "el Señor Dios Todopoderoso", el creador de todas las cosas, el Alfa y la Omega.

Volviendo al primer punto, escrito está, la bestia, el hijo de perdición vendrá en los tiempos finales:

"Nadie os engañe en ninguna manera; porque no vendrá sin que antes venga la apostasía, y se manifieste el hombre de pecado, el hijo de perdición, el cual se opone y se levanta contra todo lo que se llama Dios o es objeto de culto; tanto que se sienta en el templo de Dios como Dios, haciéndose pasar por Dios" – 2 Tesalonicenses 2:3-4

En ese momento me di cuenta, que <u>el Señor Jesús es la única respuesta</u>, el único que me podía ayudar en aquel momento tan crítico. Por lo tanto, comencé a pedirle ayuda al Señor gritando: "Yeshua por favor ayúdame!, Yeshua!". ¡El Anticristo viene por mí, la bestia viene ingresando, por favor Yeshua ayúdame!

Cuando yo dije esto, pidiéndole ayuda al Señor, escuché a través de la pared, la voz de una señora que estaba conversando con mi mamá, y la señora le pregunta: ¿quién es Yeshua? Y mi mamá le responde,

Yeshua significa Jesús, el Cristo, el Mesías en el idioma hebreo de Israel.

Cuando por fin enfoqué mi atención en el Señor Jesús, pidiendo su ayuda, entonces el Señor comenzó a avanzar más rápido, y lo hacía a una velocidad increíble, como una "especie de relámpago" que se despliega en menos de un abrir y cerrar de ojos, así que sobrepaso al Anticristo, por lo cual el Señor ya estaba más cerca de mí.

Es precisamente en este punto, cuando <u>el miedo comenzó a disminuir</u>, el profundo y desbordante terror comenzaba a "desvanecerse", a medida que **el Verbo Divino de Dios** (el Señor Jesús), se acercaba cada vez más. Lo cual trajo a mi espíritu el siguiente versículo:

"EN EL AMOR NO HAY TEMOR, SINO QUE EL PERFECTO AMOR [CRISTO JESÚS] ECHA FUERA EL TEMOR" – 1 JUAN 4:18

◆◆◆ **Enseñanza**: "el perfecto amor es el Cristo", el Mesías, el Señor Jesús, el Príncipe de Paz, el Verbo Divino de Dios, el Alfa y la Omega. Por lo tanto, nosotros solamente debemos pedir ayuda, poner nuestra confianza y fe, en nuestro Padre Celestial, en el Señor Jesús, y en el Espíritu Santo. Porque ellos tres son <u>el Alfa y la Omega, "atributo que solamente Dios posee"</u>. Todo lo demás, es parte de la creación de Dios. Por lo tanto, escrito está, solamente adorarás, y pondrás tu fe en "<u>el Creador</u>", y no en su creación.

La Casi Manifestación del Ataque al Corazón, y su Directa Relación con las Maldiciones Generacionales

Capítulo Trece

Un día comencé a sentir un "dolor punzante" en el dedo medio de mi mano izquierda, para mí era algo muy raro, porque nunca había sentido ese tipo de dolor, el cual se irradiaba por todo el dedo, y se presentaba de forma intermitente, es así como el dolor volvía a presentarse a cualquier hora del día.

Al principio no le di mayor importancia, pero al día siguiente, el mismo dolor "se expandió al centro de mi mano", y eso me llamo mucho la atención, por lo cual pensaba que esto ya no era normal, "algo malo está sucediendo". Al día después, ya no era solamente mi dedo medio y mi mano, sino que el dolor se expandió a mi brazo izquierdo. Por lo cual pasé de un gran susto, a estar sumamente preocupado.

El problema era que en ese entonces no tenía ninguna idea, acerca del origen que lo podría estar provocando. De repente, en mi espíritu siento un fuerte pensamiento, el cual decía: **"principio del ataque al corazón"**.

Lo cual me alarmó a tal grado, que lo único que pensaba era en buscar una solución. Porque dentro de mí, yo sabía que en mi caso particular, <u>este problema de salud no era de origen natural</u>, sino que "sobrenatural". Así que me puse en campaña haciendo oraciones, y oré varias, incluyendo de sanidad, de deliberación, protección, entre otras.

Pero infelizmente, <u>nada dio resultado</u>, no podía creer lo que estaba pasando, porque yo sí tenía fe, también pedí perdón por todos los pecados cometidos, invoqué la divina sangre del Señor Jesús, le pedí al Señor que me limpiara de todas mis transgresiones y maldad, etc.

Pero absolutamente "nada daba resultado", no podía creerlo, esto no debería estar pasando, porque las escrituras dicen claramente que si tenemos fe, y pedimos de corazón al Padre en el nombre del Señor

Jesús, vamos a recibir la respuesta o sanación, así como lo confirma el siguiente versículo:

"Pedid, y se os dará; buscad, y hallaréis; llamad, y se os abrirá. Porque todo aquel que pide, recibe; y el que busca, halla; y al que llama, se le abrirá" – Mateo 7:7-8

"Y todo lo que pidiereis al Padre en mi nombre, lo haré, para que el Padre sea glorificado en el Hijo" – Juan 14:13

Entonces, ¿por qué yo no recibo sanación, o en su defecto alguna respuesta? ¿Qué es lo que está deteniendo mi sanación? En mi cabeza los pensamientos iban de un lado a otro buscando posibles respuestas, pero no encontraba ninguna pista que me señalara cuál podría ser el problema. Hasta que al día siguiente conversando del tema con un amigo, él me dijo; ¿y las maldiciones generacionales? A lo cual le respondí,

¡verdad! ¿Cómo fue que no se me ocurrió antes? (Porque era lo único, que aún no había intentado).

Así que oré "quebrantando las maldiciones generacionales en mi vida y familia", y en el mismo minuto que terminé de decir dicha oración, <u>el dolor automáticamente comenzó a retroceder</u>; ese dolor punzante, la irradiación que se sentía cuando se expandía, al cabo de unos minutos después, "<u>ya no sentía absolutamente nada</u>". No podía creer lo que estaba sucediendo, ¡al fin!, ¡al fin pude encontrar la respuesta! La solución para acabar con este problema de salud de origen sobrenatural. ¡Gloria a Dios!

La enseñanza que me dejo esta valiosa experiencia, es que hay algunas enfermedades que son producidas por un **"origen sobrenatural"**, como lo es el caso de <u>las maldiciones generacionales</u>. Por ejemplo, cuando en todas las generaciones fallece un tío de un ataque cardíaco, (o de alguna enfermedad específica). El cual también puede estar asociado a una fecha en particular, o rango de fechas, por ejemplo: cuando en cada generación fallece una tía de trombosis al cerebro, entre los 42 a 45 años, etc.

Este tema también me hace recordar, algunos casos de personas que se sienten muy mal, que están muy enfermas con dolores, pero cuando se hacen los exámenes médicos, "todos salen perfectamente bien", por lo tanto, los médicos no tienen la respuesta para poder identificar el origen de los dolores. Por consiguiente, cuando "todos los exámenes médicos salen bien", <u>es una clara señal</u>, que "el origen de la enfermedad podría estar en el plano sobrenatural".

Las maldiciones generacionales, no están lejos de las maldiciones tradicionales. Incluso la Biblia describe como la lengua de las personas producen maldiciones, (las cuales son tomadas por los demonios, para atacar a las víctimas a quienes van dirigidas), y este tema lo podemos confirmar en los siguientes versículos:

"CON ELLA [LA LENGUA] BENDECIMOS AL DIOS Y PADRE, Y CON ELLA MALDECIMOS A LOS HOMBRES, QUE ESTÁN HECHOS A LA SEMEJANZA DE DIOS. DE UNA MISMA BOCA PROCEDEN BENDICIÓN Y MALDICIÓN. HERMANOS MÍOS, ESTO NO DEBE SER ASÍ" – SANTIAGO 3:9-10

"LLENA ESTÁ SU BOCA DE MALDICIÓN, Y DE ENGAÑOS Y FRAUDE; DEBAJO DE SU LENGUA HAY VEJACIÓN Y MALDAD" – SALMOS 10:7

"PERO AHORA DEJAD TAMBIÉN VOSOTROS TODAS ESTAS COSAS: IRA, ENOJO, MALICIA, BLASFEMIA, PALABRAS DESHONESTAS DE VUESTRA BOCA" – COLOSENSES 3:8

"BENDECID A LOS QUE OS PERSIGUEN; BENDECID, Y NO MALDIGÁIS" – ROMANOS 12:14

◆◆◆ **Enseñanza**: como podemos ver, algunas "supuestas" enfermedades, digo supuestas, porque no tienen un origen natural, sino sobrenatural o espiritual, pueden ser removidas exitosamente con fe y oraciones de liberación, "ordenando a los poderes espirituales de maldad" que deshagan, terminen dicha enfermedad (creada por ellos mismos), y que finalmente salgan del cuerpo y de la vida del afectado(a), así como lo fue en mi caso.

Debemos recordar, que esto "debe realizarse con una fe firme", en otras palabras, un fuerte sentimiento que nace del corazón, lleno de creencia, seguridad, afirmación, convicción, y autoridad. Sobre todo cuando los demonios son de un nivel de "alto rango" (más poderosos). Precisamente esto fue, lo que le sucedió a los apóstoles:

"VINIENDO ENTONCES LOS DISCÍPULOS A JESÚS, APARTE, DIJERON: ¿POR QUÉ NOSOTROS NO PUDIMOS ECHARLO FUERA? JESÚS LES DIJO: POR VUESTRA POCA FE; PORQUE DE CIERTO OS DIGO, QUE SI TUVIEREIS FE COMO UN GRANO DE MOSTAZA,

DIRÉIS A ESTE MONTE: PÁSATE DE AQUÍ ALLÁ, Y SE PASARÁ; Y NADA OS SERÁ IMPOSIBLE. PERO ESTE GÉNERO NO SALE SINO CON ORACIÓN Y AYUNO" – MATEO 17:19-23

En este versículo debemos aclarar, que además de tener una fe firme, en algunos casos se debe orar y ayunar con anticipación, antes de expulsar a demonios de "alto rango" fuera del cuerpo de la víctima.

Los Dos Ángeles Guardianes, y la Respuesta a Una Pregunta Clave

Capítulo Catorce

Durante una noche me despierto sin sentir nada malo, nada anormal, todo estaba bien, era una noche en la cual uno siente que realmente está descansando. Pero cuando veo a mi alrededor me llevé una gran sorpresa, porque vi "la sombra de dos ángeles" sobre la pared de mi habitación.

Estos ángeles estaban juntos, no había ningún espacio entre ellos, el ángel que estaba a la izquierda era "bastante alto", de hecho, solamente alcanzaba a verlo hasta su cuello, porque traspasaba el techo de la habitación. Pero "el ángel que estaba a su derecha era inmenso", solamente alcanzaba a verlo hasta su cintura, en mi espíritu de alguna forma sabia, que era inmensamente grande.

Me quedé viendo la escena por unos segundos, y después de un momento, sus sombras comenzaron a desvanecerse. Fue como un recordatorio de Dios, que Él "nunca nos deja solos". De hecho, Dios asigna a un ángel guardián para cada ser humano, desde el momento de la concepción de la vida. Pero lo que me llamó muchísimo la atención, fue la presencia de "**un segundo ángel guardián**" y "mucho más grande que el primero". Lo cual trae a mi memoria, el testimonio de un hermano en la fe, cuando él menciona lo que Dios le había revelado sobre el tema de los ángeles guardianes.

Dios le reveló que, cuando una persona toma alguna responsabilidad, contribuyendo al reino de los cielos, llevando almas al Señor, ya sea por cualquier medio; evangelizando a través de videos, redes sociales, haciendo cursos cristianos, trabajando en algún ministerio, creando plataformas cristianas, etc. Entonces Dios asigna **un segundo ángel guardián** a aquella persona, y ese "segundo ángel es más poderoso que el primero".

Ahora veamos un ejemplo; cuando la misma persona también tiene otra responsabilidad más, dentro de alguna Iglesia, (además de tener su propio ministerio online), canal de videos, plataforma cristiana, escribe blogs cristianos, etc. Entonces "podría recibir un tercer ángel guardián", el cual es más poderoso que el segundo. Esta asignación al parecer se da por cada ministerio, o gran responsabilidad que la persona ha tomado con el objetivo de llevar más almas a Cristo.

Ahora uno se pregunta, ¿por qué Dios asigna más ángeles guardianes, cuando una persona tiene varios ministerios? Bueno, la respuesta es muy simple, de la misma forma que Dios asigna un ángel guardián a cada ser humano, "el Diablo hace lo suyo propio, asignando un demonio".

Esto sucede porque Satanás "copia todo" lo que Dios hace, y a este tipo de demonio se le denomina como; "demonio monitor o espía", el cual se dedica a observar, y estudiar a su víctima, para tratar de hacerlo caer en tentación, y conducirlo al pecado.

◆◆◆ **Enseñanza**: el ángel guardián siempre va a intervenir en favor de su protegido(a), siempre y cuando dicha persona "no caiga en el pecado", porque "el pecado pertenece Diablo", y por lo tanto, le otorga el derecho legal a Satanás para atacar, y esto lo podemos confirmar en los siguientes versículos:

"CONFORME AL PRÍNCIPE DE LA POTESTAD DEL AIRE [SATANÁS], EL ESPÍRITU QUE AHORA OPERA EN LOS HIJOS DE DESOBEDIENCIA" – EFESIOS 2:2

"EL QUE PRACTICA EL PECADO ES DEL DIABLO" - I JUAN 3:8

Resumiendo el misterio: cuando una persona asume algún tipo de responsabilidad o ministerio, para llevar la palabra de Dios a la gente, ganando almas para el Señor, entonces se transforma en "un enemigo potencial", en una "prioridad, y objetivo a destruir" para el Diablo.

Por lo tanto, Satanás tratará de hacer lo imposible para impedir que aquella persona siga llevando almas a Cristo, y esto lo hace "enviando más demonios", los cuales son "mucho más fuertes", que el primer demonio monitor. Esta es la gran razón por la cual Dios asigna a más de un ángel guardián, para poder "brindar una protección más eficaz", a los creyentes que se dedican a llevar almas al Señor. El siguiente versículo hace mención del propósito de los ángeles:

"¿NO SON TODOS ESPÍRITUS MINISTRADORES, ENVIADOS PARA SERVICIO A FAVOR DE LOS QUE SERÁN HEREDEROS DE LA SALVACIÓN?" – HEBREOS 1:14

El Origen de Algunos Ataques de Pánico, su Relación con lo Sobrenatural, y Posterior Solución

Capítulo Quince

Como todos sabemos, la gran mayoría de las enfermedades son de origen natural, pero existen excepciones a esta regla, porque hay algunos pocos casos en los cuales "el origen es sobrenatural", así como lo fue en mi caso particular, (el cual relato en el capítulo quince, titulado; "La casi manifestación del ataque al corazón, y su directa relación con las maldiciones generacionales").

En el caso de los ataques de pánico, existe "**un factor clave**" que permite la manifestación de los ataques. Dicho factor es, cuando se está "alejado de Dios", en otras palabras, cuando se presenta el fenómeno de "**la casa vacía**", y esto lo podemos observar en el siguiente versículo:

"Cuando el espíritu inmundo sale del hombre, anda por lugares secos, buscando reposo, y no lo halla. Entonces dice: Volveré a mi casa de donde salí; y cuando llega, la halla desocupada, barrida y ador-

NADA. ENTONCES VA, Y TOMA CONSIGO OTROS SIETE ESPÍRITUS PEORES QUE ÉL, Y ENTRADOS, MORAN ALLÍ; Y EL POSTRER ESTADO DE AQUEL HOMBRE VIENE A SER PEOR QUE EL PRIMERO. ASÍ TAMBIÉN ACONTECERÁ A ESTA MALA GENERACIÓN" – MATEO 12:43-45

Los espíritus malignos le llaman "**su casa**", a los cuerpos físicos de los seres humanos, porque es el único lugar donde pueden encontrar "<u>reposo</u>" (descansar). Por lo tanto, cuando una persona está "alejada de Dios" <u>tiene su cuerpo "vacío"</u>, ósea "<u>desocupado</u>".

Por otra parte, cuando la persona está "cerca de Dios" <u>tiene su cuerpo "lleno"</u>, en otras palabras "<u>ocupado</u>", y esto sucede porque "el Espíritu Santo de Dios está morando (habitando) dentro de aquel cuerpo", es decir, "<u>lo ha llenado</u>". Por consiguiente, dicho cuerpo o templo está "<u>ocupado</u> por la presencia del Espíritu Santo</u>.

Ahora, cuando una persona ha cometido pecados y no se ha arrepentido, entonces dicha "casa o templo queda vacía", debido a que Dios no habita en lo inmundo. Por otra parte, cuando el pecador(a) se arrepiente, pidiendo perdón al Señor Jesús para que lo limpie de sus pecados, e invitando al Espíritu Santo a ingresar y morar nuevamente, (en el cuerpo de aquella persona), entonces dicho "templo" queda nuevamente "lleno", en otras palabras; "ocupado".

◆◆◆ **Enseñanza**: debemos destacar que, El Espíritu Santo de Dios le llama al cuerpo del ser humano; "templo". Pero los espíritus inmundos o malignos le llaman; "casa". Por lo tanto, cuando nuestro templo está ocupado por el Espíritu Santo de Dios, entonces "los ataques de pánico no pueden manifestarse". Este es justamente "**el factor clave y determinante**", que permite o no, la manifestación de dichos ataques.

El Ataque del Demonio Arácnido Mientras Dormía

Capítulo Dieciséis

No pensaba escribir sobre esta clase de demonio en particular, pero en mi espíritu se hizo muy fuerte lo siguiente: es "nuestro deber" (como parte del cuerpo de Cristo), dar a conocer todas las maquinaciones del enemigo, trayendo todo lo que está oculto en tinieblas, a la luz de la verdad en Cristo Jesús, tal como lo declara su sagrada palabra:

"PERO HAY UN DIOS EN LOS CIELOS, EL CUAL REVELA LOS MISTERIOS" – DANIEL 2:28

"ÉL REVELA LOS MISTERIOS DE LAS TINIEBLAS Y SACA A LA LUZ LA DENSA OSCURIDAD" – JOB 12:22

"ÉL ES QUIEN REVELA LO PROFUNDO Y LO ESCONDIDO; CONOCE LO QUE ESTÁ EN TINIEBLAS" – DANIEL 2:22

Es así como una noche me desperté con una <u>sensación de desconfianza</u>, de que "algo andaba mal", me sentía intranquilo, (algo me estaba quitando la paz), cuando despierto me siento sobre mi cama, y en ese mismo instante veo algo escalofriante y horripilante, una entidad demoníaca estaba justo frente a mí, y era como una especie de "demonio híbrido", su cara era como el de una bruja extremadamente horrible, su expresión era totalmente de perversidad, llena de malicia, iniquidad y malignidad, su espantoso rostro reflejaba como gozaba con el sufrimiento causado a su víctima, sus brazos y cuerpo hasta su cintura, eran como las de un demonio de contextura mediana, también sumamente horrendos y repugnantes. Pero lo mas horrible viene ahora, de su cintura hacia abajo tenía la forma de una gran araña, era uno de los seres demoníacos más horribles que he visto en toda mi vida.

Esta especie de "<u>demonio híbrido arácnido</u>", tenía entre sus manos unas especies de cuerdas, las cuales terminaban en mi cuerpo, y estaba tirando de dichas cuerdas con mucha fuerza. De alguna forma, Dios "me permitió ver (con los ojos espirituales de mi espíritu)" este tipo de ataque del enemigo, cuya escena pude visualizar por un par de segundos, y lo que hice después, fue inmediatamente arrepentirme de mis pecados, y orar al Señor Jesús para la remisión de estos.

En realidad este tipo de ataque me dejo perplejo, con la gran curiosidad de saber lo que hay detrás de este, debido a que siempre trato de aprender, para "no cometer los mismos errores en el futuro". Es así como el Señor puso la repuesta en mi mente, haciéndome recordar un párrafo que había leído tiempo atrás, en uno de los mejores libros que he leído en toda mi vida, el cual escribió nuestro hermano en Cristo, Dr. Roger Mills, en su libro titulado: "While Out of my Body: I Saw God, Hell and The Living Dead", y en español vendría a ser: "Mientras Permanecí Fuera de mi Cuerpo, Vi a Dios, el Infierno y a los Muertos Vivientes", en el cual nuestro hermano explica como el Señor Jesús sacaba el espíritu de Roger de su cuerpo, y lo llevaba a conocer las verdades eternas que se "ocultas en tinieblas", "revelando las maquinaciones del enemigo" con las cuales ataca a la humanidad.

En la página número 134 de su libro declara lo siguiente: "Entonces el Señor Dios Jesús me dice: mira, escucha y aprende; estas arañas que tú estás viendo, son espíritus demoníacos que han sido asignadas por el Príncipe del Infierno, para ir a la tierra y seducir a los ministros de Dios. Estas arañas demoníacas tienen el poder para seducir sexualmente a los hombres y mujeres. Estos son espíritus de seducción sexual, mejor conocidos como <u>espíritus inmundos</u>, y tienen "<u>parte de la culpa</u>" por los predicadores que tú estas viendo en las celdas de las prisiones aquí en el infierno. Estos predicadores se envolvieron en toda clase de <u>fornicación y adulterio</u>…"

Es más, esta afirmación concuerda con la confirmación del siguiente versículo:

"Pero los cobardes e incrédulos, los abominables y homicidas, los fornicarios y hechiceros, los idólatras y todos los mentirosos tendrán su parte en el lago que arde con fuego y azufre, que es la muerte segunda" – Apocalipsis 21:8

Así fue como el Todopoderoso trajo a mi mente, la respuesta a la visión del demonio arácnido, e increíblemente, también concuerda con mi experiencia de los dos ángeles que vi en mi habitación, porque la única forma que tenga dos ángeles guardianes, y que también haya sido atacado por un demonio arácnido, es porque el Altísimo de alguna manera me considera como uno de sus ministros.

Es increíble que todo este tema de la dimensión espiritual, es como un "puzzle", en el cual "todas las piezas encajan unas con otras", es así como encontramos las confirmaciones a muchas interrogantes. Cabe destacar, que Dios no revela la mayor parte de la información a una sola persona, sino que la entrega por partes a diferentes creyentes alrededor del planeta. Es así como podemos "unir los diferentes pedazos del puzzle", para revelar grandes misterios y encontrar muchas respuestas, tal como la hemos encontrado en la experiencia de nuestro hermano Roger.

La Visión de la Futura Crisis Alimentaria, Escasez de Alimentos a Nivel Global

Capítulo Diecisiete

Hace un par de años atrás recibí una visión, en la cual me encontraba en una zona de varias autopistas, y podía ver muchos camiones, cargados con sacos de granos de alimentos, la mayoría "estaban totalmente estancados", mientras unos pocos trataban de avanzar.

El problema era que simplemente <u>no podían avanzar</u>, porque estaban prácticamente inmóviles, lo intentaban pero no podían. Cuando enfoco mi vista en las autopistas que pasan por arriba, me doy cuenta que también estos camiones estaban <u>completamente parados</u>, y peor aún "en peores condiciones", porque sus ruedas del lado izquierdo estaban fuera de la pista colgando en el aire.

Por lo cual yo pensaba, que todo esto era muy extraño, ¿por qué todos los camiones no pueden avanzar?, y para empeorar la situación, los que van por las pistas de arriba podrían estar en peligro de caer. De pronto en mi espíritu se proyecta la sensación, que esta es una situación sumamente crítica y desesperada, porque "los alimentos no están llegando a la población".

Es así como me comienza a embargar un fuerte sentimiento de desaliento y de completa desesperanza, (ante la gravedad del problema que provocaba el desabastecimiento). De repente, diviso un camión que venía por afuera de una de las carreteras, a toda velocidad, lo cual me dejó completamente atónito, porque era el único camión que lograba avanzar, y más encima lo hacía a gran velocidad.

Lo cual inyectó una pequeña luz de esperanza a la situación, (porque aunque sea un poco de alimento llegaría a la población). Pero al cabo de unos segundos, vi que el camión comenzaba a perder el control, zigzagueando de un lado a otro, y de repente se desplomó por completo, cayendo sobre su costado izquierdo, arrastrándose y desplazándose varios metros hasta detenerse por completo.

En ese momento la sensación en el ambiente fue de "total desesperanza", tristeza, amargura y desesperación, ya que la última posibilidad de obtener algo de comida, se desvaneció totalmente. La escena era "completamente desoladora". Pero Cuando todos habíamos perdido la esperanza, increíblemente, se comenzó a gestar **un poder sobrenatural** frente a nuestros propios ojos, podíamos ver cómo un saco de granos de alimento se desprendía del camión, y comenzaba a elevarse varios metros en el aire, e inmediatamente después le seguía un segundo saco, después un tercero, y así sucesivamente con cada saco que transportaba el camión, todos estos sacos comenzaban a seguir al primero, en un <u>perfecto orden y sincronización</u>, de uno a uno fueron saliendo en una especie de "línea perfecta".

Esta línea de sacos comenzó a tomar forma y a elevarse en el aire, dando unos <u>giros majestuosos</u>, era increíble ver su "perfecta sincronización", y las formas circulares que hacían. Después de unos segundos, el primer saco tocó el suelo, lo seguía el segundo, el tercero y así sucesivamente de uno en uno, creando un círculo perfecto, y a su vez dentro del mismo círculo, comenzaron a depositarse más sacos, formando "un círculo interior", cuya espectacular forma nunca había visto.

Su forma interior, era algo absolutamente "<u>imposible de reproducir para el ser humano</u>", ambos círculos de sacos, tanto el externo como el interno, comienzan a aumentar de tamaño hacia arriba, hasta llegar a una gran altura, cuya figura, era como una especie de "cono gigante perfecto", formado de una manera <u>sobrenatural y majestuosa</u> al mismo tiempo, la que solamente el mismo Dios Todopoderoso es capaz de hacer.

Lo que sentí en el espíritu, fue que los sacos de grano simbolizan a los alimentos, cuyo precio y suministro son "arrastrados por fenómenos externos" como;

el valor del petróleo que afecta al transporte, una crisis financiera mundial que termina en un colapso económico, posibles conflictos bélicos entre países que son grandes productores de energía, y alimentos a gran escala, entre muchos otros factores más, que pueden provocar "el colapso del sistema de producción, y distribución de alimentos".

Cuando en el futuro se produzca dicho colapso, y el mundo caiga en la desesperación. De alguna forma Dios intervendrá de forma sobrenatural, y hará que los recursos puedan "fluir de forma milagrosa", ante la caída y desvalorización del dinero como lo conocemos en la actualidad.

Durante aquel futuro, el sistema financiero global caerá, y esto provocará que las principales monedas del mundo como el dólar, el euro, el yen, la libra esterlina, etc., "se desplomen, y caigan de valor en gran manera", arrastrando a todas las demás monedas del mundo, en un efecto dominó.

De tal forma que por ejemplo, será muy difícil poder comprar un kilo de pan, porque "su valor se multiplicará en gran manera", <u>debido a su escasez, y problemas de distribución</u>. Esto trae a mi espíritu el siguiente versículo:

"Y oí una voz de en medio de los cuatro seres vivientes, que decía: Dos libras de trigo por un denario, y seis libras de cebada por un denario; pero no dañes el aceite ni el vino" – Apocalipsis 6:6

◆◆◆ **Enseñanza** (revelando el misterio): pero durante aquel tiempo aún no será el fin, por lo tanto, Dios intervendrá con un gran milagro, al crear las condiciones necesarias, para que la economía mundial vuelva a funcionar. Por consiguiente, si nos ponemos a pensar, ante la eventualidad que en aquel futuro, el dinero como lo conocemos estará prácticamente "<u>desvalorizado</u>", hace surgir la siguiente la pregunta: ¿entonces qué sistema podría reemplazarlo?

De acuerdo a cientos de visiones y sueños dados por Dios, a nuestros hermanos(as) en Cristo en todo el mundo, será "<u>la tecnología digital de la cadena de bloques</u>", la que terminará por reemplazar al dinero actual, cuya tecnología ya está comenzando a ser utilizada por las grandes instituciones financieras, y esto lo podemos confirmar fácilmente, en los estándares de la organización mundial que las agrupa, cuya sigla es ISO, y cuyo significado es: "International Organization for Standardization", (Organización Internacional de Normalización).

La Visión del Futuro, Invasión de Demonios Alienígenas Extraterrestres, Comienzos del Apocalipsis

Capítulo Dieciocho

En la visión, era un hermoso día soleado, y me encontraba en la calle junto con algunas personas, a las cuales hace un tiempo atrás les había explicado que en un futuro próximo, "todo tipo de seres demoníacos alienígenas invadirían el planeta tierra".

Cuando de repente los cielos se abrieron, y varias escenas comienzan a aparecer en una especie de "pantalla de cine gigante", mostrando todo tipo de entidades demoníacas como los Grises, Reptilianos, Nefilim, Anunnaki, Draconianos, etc., cubriendo todo el cielo.

Mientras todos estábamos asombrados mirando las diferentes escenas, una de las personas dijo en voz alta; era verdad!, es verdad todo lo que nos dijiste!, era verdad!, era cierto que estos extraterrestres demoníacos vendrían a invadir nuestro planeta!, ¡es cierto! Mientras él estaba diciendo esto, de repente escuchamos **una poderosa voz desde el cielo**, con absoluta au-

<u>toridad</u> que decía: "¡vienen! .... ¡ya vienen! .... ¡ellos vienen! .... ¡vienen! .... ¡ya vienen! ... ¡ellos vienen! ..."

En este punto debemos aclarar que, antes de que estos seres demoníacos invadan el planeta, nuestro Señor Jesús vendrá a buscar a su novia, a su cuerpo de creyentes, a su Iglesia. Porque escrito está, "<u>la novia de Cristo no está destinada a la ira de Dios</u>". (Para más información ver el capítulo 18 titulado; "La breve visión del repentino arrebatamiento, el cual vendrá sin previo aviso").

Una vez que la iglesia de Cristo sea retirada del planeta tierra, entonces la única opción para todos los que sean "<u>dejados atrás</u>", será soportar la gran tribulación hasta el final, rechazando la marca de la bestia 666, y jamás negar a Cristo hasta el fin de sus días.

Después de haber visto aquella visión, al pasar los días tuve un sueño, el cual está "íntimamente relacionado con mi visión anterior". En dicho sueño me encuentro en <u>un mundo en total caos</u>, destrucción por todas partes, "la civilización en la que solíamos vivir ya no existía más". Por lo tanto, el único pensamiento que los sobrevivientes tenían en sus mentes, era el de "<u>mantenerse con vida</u>".

El planeta tierra había sido "<u>completamente invadido</u>", por toda clase de seres alienígenas demoníacos; como los Grises, Reptilianos, Nefilim, Anunnakis, Draconianos, etc. Al igual que <u>todo tipo de seres malignos híbridos</u>, también estaban por todo el mundo.

Estos seres alienígenas demoníacos irradiaban una tremenda "<u>aura maléfica</u>", todos los sobrevivientes trataba de escapar a toda costa, y el absoluto terror se apoderó de mí, así que también trataba de escapar a algún lugar seguro. Pero cuando llegaba a un lugar que "supuestamente era seguro", alienígenas demoníacos ya se encontraban allí.

Así que corrí a lugares remotos, pero más demonios alienígenas también estaban por esos lados. Por lo cual miré en pequeños lugares ocultos a la vista, y más seres demoníacos también estaban allí. No importaba a dónde corría, estos <u>seres malignos estaban por todas partes cazando humanos</u>. Lo cual pone en mi espíritu los siguientes versículos:

"Conforme al príncipe de la potestad del aire [Satanás], el espíritu que ahora opera en los hijos de desobediencia" – Efesios 2:2

"Porque no tenemos lucha contra sangre y carne, sino contra principados, contra potestades, contra los gobernadores de las tinieblas de este siglo, contra huestes espirituales de maldad en las regiones celestes" – Efesios 6:12

La Biblia también advierte, que los últimos tiempos serán como en los tiempos de Noé:

"Mas como en los días de Noé, así será la venida del Hijo del Hombre" – Mateo 24:37

Y durante los días de Noé, incluso tiempo después, "gigantes híbridos" caminaban por la faz de la tierra, lo cual está confirmado en las sagradas escrituras:

"También vimos allí gigantes, hijos de Anac, raza de los gigantes, y éramos nosotros, a nuestro parecer, como langostas; y así les parecíamos a ellos" – Números 13:33

♦♦♦ **Enseñanza y revelación**: durante mis investigaciones, así como también por visiones y sueños dadas por Dios a su pueblo, revelan como durante los tiempos del Apocalipsis, no solamente entidades demoniacas extraterrestres caminarán sobre la faz de la tierra, (a plena luz del día a vista de todos), sino que también, lo harán los Nefilim, (los gigantes híbridos del Antiguo Testamento, que figuran en la Biblia). Pero también aparecerá una infinidad de <u>criaturas demoníacas de diferentes tipos</u>, clases, tamaños y formas, muchas de ellas incluso figuran en películas de terror.

Esto también es debido en parte, a que los Ángeles caídos y demonios principados tienen "<u>el poder de cambiar de forma</u>", ellos pueden adoptar cualquier forma y tamaño, "incluyendo las características propias de la forma adoptada". Los seres más siniestros y diabólicos que la gente teme, aparecerán de la nada durante aquellos tiempos apocalípticos. Prácticamente será como "<u>el infierno sobre la tierra</u>".

Pero Dios Todopoderoso ha programado una salida para su Iglesia, la esposa de Cristo, su cuerpo de creyentes, para que escapen "antes que el mundo sea arrojado en el Apocalipsis" (durante el cual Satanás lo gobernará a travez del Anticristo y el Falso Profeta), esto está confirmado por muchos versículos, y también hablamos del tema en detalle, en el capítulo 18 titulado: "La Breve Visión del Repentino Arrebatamiento, el Cual Vendrá sin Aviso".

La Breve Visión del Repentino Arrebatamiento, el Cual Vendrá sin Aviso

Capítulo Diecinueve

En esta breve visión yo estaba solo dentro de una casa, cuando de pronto sentí una "profunda sensación de extrema urgencia". Dicha urgencia era a tal grado, que se sentía como <u>un cambio absolutamente drástico</u>, radical, determinante y definitivo, era como el sentimiento de pasar de la vida a la muerte en un segundo.

Debido a que en ese preciso instante, uno se da cuenta que <u>el tiempo se ha terminado</u>, que ya no tienes ni siquiera un par de minutos para arrepentirte y enmendar tus errores ante Dios. En ese instante yo sabía dentro de mi ser, que <u>el rapto o arrebatamiento</u>, estaba a tan solo "un par de segundos de suceder".

Nuestro Señor Jesús ya estaba en las nubes del primer cielo, a punto de dar la orden a sus ángeles, para comenzar el arrebatamiento de la novia de Cristo, su cuerpo de creyentes, su Iglesia. Por lo cual yo estaba muy inquieto, corriendo de una habitación a otra, porque sabía que el tiempo se había terminado.

De pronto me encuentro frente a un reloj de pared, entonces en mi espíritu siento un aviso muy fuerte, diciendo que el tiempo se había acabado, "el rapto de la Iglesia ya estaba comenzando en ese preciso instante".

Este futuro y glorioso evento, del cual solamente serán partícipes los hijos de Dios, que siguen al Señor en **"obediencia diaria"**, lo cual crea "**fidelidad**", está confirmado en las sagradas escrituras por los siguientes versículos:

"Entonces estarán dos en el campo; el uno será tomado, y el otro será dejado. Dos mujeres estarán moliendo en un molino; la una será tomada, y la otra será dejada. Velad, pues, porque no sabéis a qué hora ha de venir vuestro Señor" – Mateo 24:40-42

"Luego nosotros los que vivimos, los que hayamos quedado, seremos arrebatados juntamente con ellos en las nubes para recibir al Señor en el aire, y así estaremos siempre con el Señor" – Tesalonicenses 4:17

"Pero el día del Señor vendrá como ladrón en la noche" – 2 Pedro 3:10

"Por tanto, también vosotros estad preparados; porque el Hijo del Hombre vendrá a la hora que no pensáis" – Mateo 24:44

"En un momento, en un abrir y cerrar de ojos, a la final trompeta; porque se tocará la trompeta, y los muertos serán resucitados incorruptibles, y nosotros seremos transformados" – 1 Corintios 15:52

"VELAD, PUES, EN TODO TIEMPO ORANDO, QUE SEÁIS TENIDOS POR DIGNOS DE ESCAPAR DE TODAS ESTAS COSAS QUE VENDRÁN, Y DE ESTAR EN PIE DELANTE DEL HIJO DEL HOMBRE" – LUCAS 21:36

"POR CUANTO HAS GUARDADO LA PALABRA DE MI PACIENCIA, YO TAMBIÉN TE GUARDARÉ DE LA HORA DE LA PRUEBA, QUE HA DE VENIR SOBRE EL MUNDO ENTERO, PARA PROBAR A LOS QUE MORAN SOBRE LA TIERRA" – APOCALIPSIS 3:10

♦♦♦ **Enseñanza**: la clave (respuesta) para participar en el glorioso evento del arrebatamiento, la encontramos simbolizada "en la parábola de las diez vírgenes":

"ENTONCES EL REINO DE LOS CIELOS SERÁ SEMEJANTE A DIEZ VÍRGENES QUE TOMANDO SUS LÁMPARAS, SALIERON A RECIBIR AL ESPOSO. CINCO DE ELLAS ERAN PRUDENTES Y CINCO INSENSA-

TAS. LAS INSENSATAS, TOMANDO SUS LÁMPARAS, NO TOMARON CONSIGO ACEITE; MAS LAS PRUDENTES TOMARON ACEITE EN SUS VASIJAS, JUNTAMENTE CON SUS LÁMPARAS" – MATEO 25:1-4

He aquí hay sabiduría, los siguientes son los significados de la parábola: el esposo es el Señor Jesús, las diez vírgenes simbolizan al pueblo de creyentes, las 5 vírgenes insensatas son aquellos "creyentes desobedientes", las 5 vírgenes prudentes son aquellos "creyentes que sí obedecen al Señor diariamente", las lámparas simbolizan los cuerpos de las personas, y el aceite simboliza al Espíritu Santo de Dios.

Por consiguiente, para ser partícipes del arrebatamiento, debemos **ser llenos del Espíritu Santo**, y para lograrlo, tenemos que ser "obedientes al Señor, todos los días de nuestras vidas", y a su vez la obediencia conduce a la "fidelidad", y el que es "verdaderamente fiel a Dios, es lleno del Espíritu Santo".

Una vez que la esposa de Cristo (su Iglesia fiel) es arrebatada, inmediatamente se da inicio, al periodo conocido como el "Apocalipsis", en el cual, el planeta tierra es entregado a Satanás, para que lo gobierne (por un corto periodo) a través del "Anticristo". Mientras esto sucede en la tierra, en el tercer cielo, comienza el gran evento de <u>las bodas del cordero</u>, en el cual el Señor Jesús se casa en matrimonio con la Iglesia de Cristo, (el cuerpo de Cristo formado por cristianos(as) fieles):

"GOCÉMONOS Y ALEGRÉMONOS Y DÉMOSLE GLORIA; PORQUE HAN LLEGADO LAS BODAS DEL CORDERO, Y SU ESPOSA SE HA PREPARADO. Y A ELLA SE LE HA CONCEDIDO QUE SE VISTA DE LINO FINO, LIMPIO Y RESPLANDECIENTE; PORQUE EL LINO FINO ES LAS ACCIONES JUSTAS DE LOS SANTOS. Y EL ÁNGEL ME DIJO: ESCRIBE: BIENAVENTURADOS LOS QUE SON LLAMADOS A LA CENA DE LAS BODAS DEL CORDERO. Y ME DIJO: ESTAS SON

PALABRAS VERDADERAS DE DIOS" – APOCALIPSIS
19:7-9

La Relación de Los Distintos Niveles de Protección de Dios, y Los Ataques del Diablo

Capítulo Veinte

Como todos ya sabemos, el enemigo mortal de la salvación de las almas es "el pecado", así como lo confirma la palabra de Dios:

"Porque la paga del pecado es muerte" – Romanos 6:23

"Entonces la concupiscencia, después que ha concebido, da a luz el pecado; y el pecado, siendo consumado, da a luz la muerte" – Santiago 1:15

En otras palabras, el pecado es lo que lleva a la muerte, a la "condenación", sumergido en las tinieblas eternas. Escrito está, "el que peca morirá en su pecado", esto es debido a que "el cuerpo es el templo del Espíritu Santo", y como tal **debe ser, y permanecer santo**", porque "la santidad es la virtud que nos permite estar cerca de Dios", y vivir con el Altísimo en su santo reino, así como lo confirma el siguiente versículo:

"Seguid la paz con todos, y la santidad, sin la cual nadie verá al Señor" – Hebreos 12:14

Es precisamente en este punto donde debemos decidir; o somos desobedientes u obedientes a Dios, o somos rebeldes o fieles a su santa palabra, porque "<u>la obediencia conduce a la fidelidad</u>, y este a su vez a la vida eterna en Cristo Jesús". Por otra parte; <u>la desobediencia conduce a "rebeldía", y este a su vez a la muerte eterna</u>.

Por lo tanto, <u>no existe un punto intermedio</u>, entre ser obedientes y también desobedientes, porque escrito está, no podemos seguir a Dios y al Diablo, así como lo confirman los siguientes versículos:

"Porque ¿qué compañerismo tiene la justicia con la injusticia? ¿Y qué comunión la luz con las tinieblas?" – 2 Corintios 6:14

"No podéis beber la copa del Señor, y la copa de los demonios; no podéis participar de la mesa del Señor, y de la mesa de los demonios" – 1 Corintios 10:21

Es más, cuando pecamos estamos <u>suprimiendo al espíritu</u>, y por consiguiente "dañando a nuestro propio cuerpo", por lo cual debemos recordar que "el cuerpo fue creado para estar al servicio de Dios", y no al servicio de la maldad. Por lo tanto, <u>"la carne y sus deseos deben someterse a la voluntad del espíritu"</u>, así como lo confirma su sagrada palabra:

"Las obras de la carne y el fruto del Espíritu. Digo, pues: Andad en el Espíritu, y no satisfagáis los deseos de la carne. Porque el deseo de la carne es contra el Espíritu, y el del Espíritu es contra la carne; y estos se oponen entre sí, para que no hagáis lo que quisiereis" – Gálatas 5:16-17

El alma es como la voluntad, que controla la dirección hacia donde va el cuerpo y espíritu, por ejemplo; cuando se es un bebé, sin saber diferenciar lo que es bueno de lo que es malo, entonces el cuerpo, el alma y el espíritu están en "perfecta armonía", en otras palabras sincronizados. Por otra parte, cuando el bebé crece y pasa a ser un niño, entonces "comienza a tener entendimiento entre lo bueno y lo malo", entre el bien y el mal, y es precisamente en este punto donde "el cuerpo, y el espíritu se separan", y como consecuencia, el alma se mueve en la dirección de la voluntad del niño.

Es aquí donde la sabiduría de las sagradas escrituras, nos arroja luz sobre el tema; declarándonos que el espíritu nos avisa de los peligros, y "nos lleva a la obediencia a Dios". Por otra parte, el alma tiende a estar más ligada al cuerpo, y el cuerpo a la voluntad de la persona, por consiguiente, si la voluntad de la persona es ceder a los deseos de la carne, cometiendo pecado, entonces esta voluntad pecaminosa termina

<u>arrastrando el alma</u>, y esto a su vez culmina "dañando al cuerpo".

Este es el estado final de la mayoría de la gente en estos últimos tiempos, porque viven como "<u>muertos vivientes</u>", y esto incluso lo podemos entender en las palabras de nuestro Señor Jesús cuando dijo: "<u>dejad que los muertos entierren a sus muertos</u>", debido a que no hay vida en ellos, porque Cristo es la vida eterna, y por ende el Señor Jesús no está en ellos, así como lo confirma su palabra:

"Jesús le dijo: Deja que los muertos entierren a sus muertos; y tú ve, y anuncia el reino de Dios" – Lucas 9:60

Esto se entiende, porque también sus almas están plagadas de pecados, y <u>el pecado es muerte eterna</u>. Cuando "alguien muere en sus pecados", sin arrepentirse de corazón ante el Señor Jesús, será "separado para siempre del Señor" por toda la eternidad. Escrito está, todos los que mueren en sus pecados, es porque "le fueron rebeldes a Dios", a través de la "desobediencia", así como lo confirma el siguiente versículo:

"EN LOS CUALES ANDUVISTEIS EN OTRO TIEMPO, SIGUIENDO LA CORRIENTE DE ESTE MUNDO, CONFORME AL PRÍNCIPE DE LA POTESTAD DEL AIRE [SATANÁS], EL ESPÍRITU QUE AHORA OPERA EN LOS HIJOS DE DESOBEDIENCIA"- EFESIOS 2:2

Por lo tanto, "los deseos de la carne endurecen el corazón" del hombre, para rebelarse contra su creador, por consiguiente, debemos ser fieles al Señor, obedientes a su santa palabra, cuando hacemos esto, estamos siendo **"guiados por el espíritu de vida"** (el Espíritu Santo de Dios). Cuando el ser humano peca, está "voluntariamente traspasando las barreras, y escudos de protección" que Dios estableció, "siguiendo su propio camino a la destrucción y perdición eterna", el cual conduce al camino ancho y estrecho, por el cual entra la mayoría, así como lo confirma el siguiente verso:

"ENTRAD POR LA PUERTA ESTRECHA; PORQUE ANCHA ES LA PUERTA, Y ESPACIOSO EL CAMINO QUE LLEVA A LA PERDICIÓN, Y MUCHOS SON LOS QUE ENTRAN POR ELLA; PORQUE ESTRECHA ES LA PUERTA, Y ANGOSTO EL CAMINO QUE LLEVA A LA VIDA, Y POCOS SON LOS QUE LA HALLAN" – MATEO 7:13-14

Una vez que se traspasan las barreras y escudos de protección, la persona que pecó se convierte en "**<u>una presa fácil</u>**" para los demonios, y huestes espirituales de maldad que buscan la destrucción del pecador. Estos poderes malignos lo cazarán, y jamás se detendrán hasta que el pecador sea completamente destruido.

Cada Vez que Pecaba, Cada Vez que "Despertaba Paralizado"; Revelando el Misterio

Fueron varias las veces, en que despertaba completamente paralizado, pero en casi la mitad de estas, no era solamente atacado con parálisis comunes, sino que este otro tipo de parálisis es **"mortal"**, debido a que también "<u>paraliza los músculos del diafragma y los pulmones</u>", por lo cual no te dejan respirar. En otras palabras, las huestes espirituales de maldad podrían haber acabado conmigo, y presumiblemente el diagnóstico post mortem, (causal del fallecimiento) hubiese sido: simplemente se fue en el sueño, o falla pulmonar, o algo por el estilo. Lo cual está "muy alejado de la realidad y la verdad de fondo".

Cada vez que esto sucedía, yo sabía en mi espíritu que tenía tan solo "unos pocos segundos para salir de la parálisis", antes de que fuera demasiado tarde, por lo cual <u>debía calmarme</u> lo más rápido posible, para estar "completamente concentrado", y <u>enfocar toda mi mente en hacer vibrar mi cuerpo</u>, dicha vibración solía comenzar en las extremidades inferiores, y después se expandía al resto de mi cuerpo, entonces lograba salir de la parálisis, y me podía sentar en la cama o pararme, momento en el cual aprovechaba de llenar mis pulmones de aire, y el alivio era tremendo, de verdad "esto no se lo doy a nadie", ni a mi peor enemigo, no quisiera que ningún ser viviente pasara por este mortal, e infernal ataque demoníaco.

Pero ahora que estoy escribiendo estas memorias, me pregunto; ¿por qué no invoqué "<u>la presencia, o la sangre santísima de mi Señor Jesús</u>"? Porque hubiese sido mucho más fácil, no se me ocurrió proceder de esa manera, ¿será porque tenía muy pocos segundos para salir de la parálisis, y poder respirar?, y eso me aterrorizaba hasta tal grado, que no podía pensar en nada más que concentrarme completamente, para poder comenzar a vibrar y salir de la parálisis lo antes posible.

♦♦♦ **Enseñanza**: Lo que aprendí de estos ataques demoníacos, era que cada vez que "pecaba de forma voluntaria" (lo cual podía ser cualquier tipo de pecado), entonces le estaba dando "el derecho, o permiso legal" a las huestes espirituales de maldad sobre mí, porque escrito está: el pecado pertenece al Diablo. Ahora, esto "concuerda perfectamente" con el análisis previo que hemos hecho al comienzo de este capítulo titulado: "La Relación de Los Distintos Niveles de Protección de Dios, y Los Ataques del Diablo". Dicha concordancia se debe a que cuando cometemos pecados, automáticamente nos estamos "alejando de las barreras, y escudos de protección" que Dios ha establecido para cada uno de sus hijos(as), y como resultado nos convertimos en una **"presa fácil"** para los poderes espirituales de maldad.

Por consiguiente, si dicho creyente no se arrepiente, y continúa en el camino ancho del pecado, entonces el Espíritu Santo de Dios comienza a "lidiar con el corazón del pecador(a)", y si este aún no se arrepiente, continuando por el camino ancho de perdición, entonces se cumple la siguiente palabra:

"ÉL TAL SEA ENTREGADO A SATANÁS PARA DESTRUCCIÓN DE LA CARNE" – 1 CORINTIOS 5:5

"PORQUE LA PAGA DEL PECADO ES MUERTE" – ROMANOS 6:23

"HAY CAMINO QUE AL HOMBRE LE PARECE DERECHO; PERO SU FIN ES CAMINO DE MUERTE" – PROVERBIOS 14:12

"ENTONCES LA CONCUPISCENCIA, DESPUÉS QUE HA CONCEBIDO, DA A LUZ EL PECADO; Y EL PECADO, SIENDO CONSUMADO, DA A LUZ LA MUERTE" – SANTIAGO 1:15

Incluso cosas pequeñas como **"la falta de perdón"**, para Dios es un pecado totalmente "inaceptable", a lo cual el Todopoderoso lo advierte muchas veces en su santa palabra:

"No juzguéis, y no seréis juzgados; no condenéis, y no seréis condenados; perdonad, y seréis perdonados" – Lucas 6:37

"Y cuando estéis orando, perdonad, si tenéis algo contra alguno, para que también vuestro Padre que está en los cielos os perdone a vosotros vuestras ofensas" – Marcos 11:25

"Porque si perdonáis a los hombres sus ofensas, os perdonará también a vosotros vuestro Padre celestial; mas si no perdonáis a los hombres sus ofensas, tampoco

VUESTRO PADRE OS PERDONARÁ VUESTRAS OFEN-
SAS" – MATEO 6:14-15

Es más, cuando oramos "la oración del Padre Nuestro" que nos enseñó nuestro Señor Jesús diciendo: "... y <u>perdona nuestras ofensas, como también nosotros perdonamos a los que nos ofenden</u>", sin embargo, la mayoría de los creyentes "**hacen todo lo contrario**", queriendo "alcanzar el perdón de Dios para ellos(as) mismos", pero en rebeldía y desobediencia <u>no quieren perdonar a sus semejantes</u>.

Inclusive nuestro Señor continúa recalcando la importancia de este tema, en "la parábola del siervo rencoroso"; donde el Rey perdona al siervo rencoroso, pero este mal siervo no perdona a su prójimo, motivo por el cual el Rey le revocó el perdón, y el Señor Jesús concluye la parábola diciendo: "Así también mi Padre Celestial hará con vosotros, si no perdonáis de todo corazón cada uno a su hermano sus ofensas" (Mateo 18:35).

Por lo tanto, no debemos caer en la trampa del maligno, "creyendo que seremos perdonados por Dios", cuando "hipócritamente nosotros no estamos per-donamos a nuestro prójimo". El pecado de la falta de perdón, es "uno de los que más almas arrastra al tormento eterno", separados de la presencia de Dios para siempre, sumidos en las tinieblas eternas.

Es más, porque donde existe la falta de perdón, existe el rencor, y el rencor lleva a la rebeldía, y la rebeldía a la "desobediencia" a Dios. El Altísimo **"ordena perdonar"**, por lo tanto no es una elección, debemos perdonar sí o sí, de lo contrario su santa palabra dice claramente, que el Todopoderoso no nos perdonará si no perdonamos.

En conclusión, debemos reaccionar antes que sea demasiado tarde, y "no tomar las cosas a la ligera", no tomemos la vida o al siguiente día como algo "garantizado", pues la vida es muy corta, y tampoco sabemos si al siguiente día vamos a despertar o no, ni siquiera sabemos si vamos a volver a casa o no. Lo que también debemos tener muy en claro, es que cuando alguien <u>muere en sus pecados</u>", su alma y espíritu van directamente al abismo infernal (por toda la eternidad).

Pero mientras "aún estamos vivos", tenemos tiempo de arrepentirnos de corazón ante el Señor Jesús, perdonando a nuestros prójimos, enmendando nuestro comportamiento, y obedeciendo a Dios cada día de nuestras vidas. De tal manera, que cuando llegue "nuestro turno de dejar este mundo", podamos gozosos recibir la corona de la vida eterna de manos de nuestro Señor Jesús, la cual ha sido prometida a los que verdaderamente aman al Señor, en obediencia y fidelidad.

El Efecto Sobrenatural, y Nocivo de la Presencia De Objetos Impuros en los Hogares, y su Directa Relación con el Bloqueo de Bendiciones y Sanaciones

Capítulo Veintiuno

Por qué gran parte de las enfermedades, no reaccionan ante las oraciones de sanación?, y ¿por qué muchos hogares no pueden salir de la extrema pobreza? Estas son muy buenas preguntas, especialmente porque es una dura realidad. Todo esto es debido, a que en gran parte de los casos las bendiciones y sanaciones podrían estar <u>siendo bloqueadas</u>.

Un ejemplo claro de bloqueo, es el caso del profeta Daniel, cuyas respuestas a sus muchas oraciones, estaban "<u>siendo bloqueadas</u>", situación que se describe en el siguiente versículo:

"ENTONCES [EL ÁNGEL GABRIEL] ME DIJO: DANIEL, NO TEMAS; PORQUE DESDE EL PRIMER DÍA QUE DISPUSISTE TU CORAZÓN A ENTENDER, Y A HUMILLARTE EN LA PRESENCIA DE TU DIOS, FUERON OÍDAS TUS PALABRAS; Y A CAUSA DE TUS PALABRAS YO HE VENIDO. MAS EL PRÍNCIPE DEL REINO DE PERSIA [DEMONIO PRINCIPADO] SE ME OPUSO DURANTE VEINTIÚN DÍAS; PERO HE AQUÍ

MIGUEL, UNO DE LOS PRINCIPALES PRÍNCIPES, VINO PARA AYUDARME, Y QUEDÉ ALLÍ CON LOS REYES DE PERSIA. HE VENIDO PARA HACERTE SABER LO QUE HA DE VENIR A TU PUEBLO EN LOS POSTREROS DÍAS; PORQUE LA VISIÓN ES PARA ESOS DÍAS" – DANIEL 10:12-14

De la misma forma, el bloqueo se da no solamente a las respuestas de oraciones, sino que también a las bendiciones y sanaciones. Este fenómeno está comprobado, avalado, y confirmado por varios versículos de las sagradas escrituras, los cuales estaremos analizando en detalle más adelante.

Ahora, pongamos algunos casos más de ejemplo, (para poder comprender la situación de mejor manera), el siguiente es el caso de Rubén, quien vive constantemente atormentado por pensamientos destructivos y negativos. Por lo cual le diagnostican una "<u>enfermedad mental</u>", y el psiquiatra le receta medicamentos, los cuales le dan cierta "tranquilidad", pero la vida seguía siendo difícil para Rubén.

Con el paso de las semanas Rubén busca ayuda en una iglesia, en la cual se practica la curación mediante oraciones de sanación, pero por desgracia Rubén no pudo ser sanado. He aquí hay sabiduría; la razón por la cual Rubén no pudo recibir sanación, fue porque "dentro de su propia casa", él mantiene "materiales relacionados con las ciencias ocultas" (ocultismo). Por ejemplo, dentro de estos materiales podemos encontrar; péndulos, bolas de cristal, cartas de tarot, tablas ouija, objetos de adivinación, libros de magia blanca y negra, etc.

Así como también, algunos materiales audiovisuales; como los mensajes subliminales, meditaciones que inducen a poner la mente en blanco, (vaciar completamente la mente), hipnosis, control mental, la ley de atracción, etc. Dichos materiales pueden estar impresos en libros, o en multimedia, como es el caso de los videos y audios. Incluyendo las aplicaciones de teléfonos, como por ejemplo, jugar a la tabla ouija en una aplicación de teléfono, o usar alguna aplicación para comunicarse con los muertos, etc.

En este caso el reino de las tinieblas tiene el "derecho legal", el poder, y la autoridad sobre dichos "materiales impuros", los cuales "violan directamente las leyes establecidas" por Dios. El Diablo tiene el "derecho legal" sobre toda clase de materiales, y objetos impuros o malditos que están "bajo su directa influencia". Esto es debido, a que los objetos impuros llevan a las personas a **"desobedecer"** los mandamientos, y estatutos de Dios, empujándolos a la "rebeldía de la desobediencia", para finalmente "caer en el pecado", sobre el cual el Maligno tiene la potestad y el derecho. Así como lo confirman los siguientes versículos:

"CONFORME AL PRÍNCIPE DE LA POTESTAD DEL AIRE [SATANÁS], EL ESPÍRITU QUE AHORA OPERA EN LOS HIJOS DE DESOBEDIENCIA" – EFESIOS 2:2

"El que practica el pecado es del Diablo" – 1 Juan 3:8

Ahora veamos un caso similar al anterior, el cual se encuentra en la Biblia; y que sucedió durante los antiguos tiempos del pueblo hebreo, es así como 3.000 hombres israelitas comandados por Josué, subieron a la batalla contra el reino de Hai, los cuales fueron humillados y derrotados por el ejército de Hai. Como resultado, las fuerzas hebreas sufrieron grandes bajas y pérdidas. Por lo cual Josué se postró en tierra, clamando a Jehová Dios de Israel, y el Todopoderoso le responde:

"Entonces Jehová dijo a Josué: "¡Levántate! ¿Por qué yaces así sobre tu rostro? Israel ha pecado, y también han transgredido mi pacto que les mandé. Porque han tomado algo de las cosas malditas, y han robado y engañado; y también lo han puesto

ENTRE SUS PROPIAS COSAS. POR ESO LOS HIJOS DE ISRAEL NO PUDIERON RESISTIR ANTE SUS ENEMIGOS, SINO QUE VOLVIERON LA ESPALDA ANTE SUS ENEMIGOS, PORQUE SE HAN CONDENADO A LA DESTRUCCIÓN. NI YO ESTARÉ MÁS CON VOSOTROS, SI NO DESTRUÍS A LOS [OBJETOS] MALDITOS DE ENTRE VOSOTROS" – JOSUÉ 7:10

Esta gran tragedia sufrió el pueblo hebreo, porque Acán y sus hijos no solamente robaron, sino que guardaron "objetos impuros (malditos)", (dedicados e influenciados por otros dioses), dentro del mismo campamento de los israelitas, y fue por esta misma razón, que sufrieron grandes bajas y fueron derrotados. Y como consecuencia, "la santa presencia de Dios ya no podía permanecer en medio de ellos", porque entre ellos estaban presentes "**objetos impuros o malditos**", sobre los cuales el reino de las tinieblas tiene el dominio y derecho legal. En este punto debemos recordar que "**Dios es Santo**", y por lo tanto, "no puede habitar en medio de lo inmundo".

Por consiguiente surge la pregunta, ¿podría suceder lo mismo en nuestros días?, si mantenemos objetos impuros dentro de nuestros hogares y propiedades? Según la palabra de Dios, la respuesta es un rotundo sí, porque "Dios no cambia", ni tampoco sus mandamientos, estatutos, leyes y enseñanzas. Dios es el mismo ayer, hoy y siempre, tal como lo confirman los siguientes versículos:

"Porque yo Jehová no cambio" – Malaquías 3:6

"Mas la palabra del Señor permanece para siempre" – 1 Pedro 1:25

Por consecuencia, podemos observar que la presencia de objetos malditos o impuros, no solamente causan daño, sino que también bloquean cosas buenas como las bendiciones y sanidades. Todo esto es debido, a que la santísima presencia de Dios, "<u>no</u>

habita en medio de lo inmundo", en lugares donde existe la presencia de objetos, materiales, o cosas que son inmundas, impuras o malditas. Escrito está, "**el Señor es Santo**", y por lo tanto, "nosotros debemos ser santos", y mantener nuestros hogares limpios en santidad. Así como lo confirma el siguiente versículo:

"SINO, COMO AQUEL QUE OS LLAMÓ ES SANTO, SED TAMBIÉN VOSOTROS SANTOS EN TODA VUESTRA MANERA DE VIVIR; PORQUE ESCRITO ESTÁ: SED SANTOS, PORQUE YO SOY SANTO" – I PEDRO 1:15-16

Hoy en día, gran parte de los creyentes tienen sus bendiciones, y sanaciones totalmente bloqueadas por objetos malditos, inmundos, o impuros. Por esta misma razón, las sagradas escrituras declaran, que el pueblo de Dios está siendo "destruido por falta de conocimiento".

"Mi pueblo fue destruido, porque le faltó conocimiento" – Oseas 4:6

A lo cual la dura realidad de hoy en día, es que en la mayoría de los hogares Cristianos, podemos encontrar muchos "objetos impuros". Precisamente, Dios nos advierte claramente acerca de este peligro en su palabra:

"No traerás cosa abominable a tu casa, para que no seas anatema [maldito]; del todo la aborrecerás y la abominarás, porque es anatema [maldito]" – Deuteronomio 7:26

Ahora, enfoquémonos en la frase; "para que no seas anatema [maldito]", significa que los objetos impuros o malditos, "contaminan con su impureza o maldición a los que las poseen", lo cual a su vez, termina repercutiendo en la "destrucción de los hogares".

Es así, como también encontramos otra advertencia más en las sagradas escrituras:

"PERO VOSOTROS GUARDAOS DEL ANATEMA [OBJETOS MALDITOS]; NI TOQUÉIS, NI TOMÉIS ALGUNA COSA DEL ANATEMA, NO SEA QUE HAGÁIS ANATEMA EL CAMPAMENTO DE ISRAEL" – JOSUÉ 6:18

Todo objeto impuro posee "atributos en el plano sobrenatural o espiritual", el cual tiene <u>directa consecuencia en el plano terrenal</u>. Por ejemplo, objetos creados por pueblos que adoran a dioses extraños, y por consiguiente, están bajo la <u>directa influencia</u> de aquellos dioses a los cuales veneran.

Por lo tanto, el reino de las tinieblas utiliza a estos objetos como verdaderos **"caballos de Troya"**, y cuando estos son llevados a un hogar comienzan a "<u>liberar energías espirituales de maldad</u>", algunos incluso tienen la capacidad de "<u>abrir portales</u>" al reino de las tinieblas, a través de los cuales entidades malignas cruzan al hogar de la víctima.

Precisamente son estas huestes espirituales de maldad, las que "bloquean todo lo que es bueno", incluyendo las bendiciones y sanaciones. Todo porque uno de los habitantes del hogar, "trae por su propia voluntad, objetos impuros dentro de la propiedad". Desobedeciendo el mandato directo dado por Dios en su palabra, el cual dice claramente, que no debemos traer objetos impuros a nuestros hogares.

El Diablo y su reino de maldad, tiene la potestad y el "derecho legal" (el permiso), para entrar en la vida de las personas a través de los pecados cometidos. Como por ejemplo, el pecado de la "la rebeldía y la desobediencia" a la santa palabra de Dios, así como lo confirman los siguientes versículos:

"EL QUE PRACTICA EL PECADO ES DEL DIABLO" – I JUAN 3:8

"Vosotros sois de vuestro padre el diablo, y los deseos de vuestro padre queréis hacer"
— Juan 8:44

Es así como la gente "se acostumbra a cometer un pecado tras otro", los cuales se van sumando. Pero cuando "añadimos los objetos impuros", que están presentes dentro de los hogares, el resultado es desastroso, y por lo tanto, "las bendiciones de Dios simplemente no llegan". En su lugar llegan las enfermedades, la pobreza, desgracias, desaliento, tristeza, brujería, maldiciones, problemas, etc.

Los objetos impuros o malditos deben ser destruidos, para que nadie más pueda utilizarlos, de tal manera que no haya más víctimas. Una vez destruidos, deben ser tirados inmediatamente a la basura, la cual debe estar "afuera de la propiedad". Cualquier objeto que ofenda a Dios, y que vaya directamente en "contra de sus mandamientos, leyes y estatutos", es considerado como un objeto inmundo o impuro.

Dentro de los cuales podemos encontrar objetos, materiales, y aplicaciones de teléfonos móviles basados en: horóscopos, signos zodiacales, cartas del tarot, péndulos, bolas de cristal, libros y multimedia relacionados, la comunicación con los muertos y entidades espirituales, tablas ouija, oráculos, sesiones de espiritismo, objetos y materiales de magia blanca y negra, de brujería, figuras de vudú, varitas mágicas, objetos utilizados en rituales, etc.

Algunos inciensos, pociones mágicas y pócimas, los atrapa sueños, materiales relacionados con las ciencias ocultas, mensajes subliminales, hipnosis, control mental, la ley de la atracción. También todo tipo de arte y meditaciones, que inducen a poner la "mente en blanco" (vaciar la mente), lo cual abre la puerta para que ingresen entidades espirituales de maldad.

Entre otros objetos impuros, también se encuentran las películas de terror, y las relacionadas con la brujería, la música rock satánica, etc. También objetos de adoración, y veneración a cualquier cosa que no sea Dios, como por ejemplo a los santos, a la virgen María, a los ángeles, lo cual es "**idolatría**", porque están adorando a los "seres creados", en vez de al "Creador". Así como lo confirman los siguientes versículos:

"Yo Juan soy el que oyó y vio estas cosas. Y después que las hube oído y visto, me postré para adorar a los pies del ángel que me mostraba estas cosas. Pero él me dijo: Mira, no lo hagas; porque yo soy consiervo tuyo, de tus hermanos los profetas, y de los que guardan las palabras de este libro. Adora a Dios" – Apocalipsis 22:8-9

"Y le dijo: Todo esto te daré, si postrado me adorares. Entonces Jesús le dijo: Vete, Satanás, porque escrito está: Al Señor tu

Dios adorarás, y a él sólo servirás" – Mateo 4:9-10

"Ya que cambiaron la verdad de Dios por la mentira, honrando y dando culto a las criaturas, antes que al Creador, el cual es bendito por los siglos. Amén" – Romanos 1:25

♦♦♦ **Enseñanza**: aquí debemos enfatizar, que todo culto, o adoración que no sea al Padre, al Hijo el Señor Jesús, y al Espíritu Santo, cae automáticamente en la categoría de "idolatría", porque escrito está; sólo se adora "al Creador", y "no a su creación". La Biblia enfatiza claramente, que el Padre, el Hijo Jesús Cristo (El Verbo de Dios), y el Espíritu Santo de Dios, son el Alfa y la Omega, cuya atribución solamente pertenece a Dios.

14 Señales Cuando la Vida de una Persona, ha Sido Invadida por Espíritus Malignos

Capítulo Veintidós

Las entidades espirituales de maldad, no pueden provocar daños en la vida de un creyente, sin antes contar con "el permiso apropiado", que les otorga el derecho legal para atacar la vida de tal persona. Pero aun así, algunas huestes espirituales de maldad tratan de hacerlo sin contar con el debido permiso. Cuando esto sucede, "el ángel guardián automáticamente interviene" en favor de su protegido.

Dios creó y puso un "orden", estableció las leyes espirituales, por las cuales todos los reinos espirituales se rigen, de lo contrario el Diablo no dejaría a nadie vivo, porque Satanás, los ángeles caídos, y los demonios odian a la humanidad.

Detrás de cada derecho legal hay una "razón, motivo o causal" que concede, y confirma el permiso que los poderes espirituales necesitan para actuar. Un claro ejemplo de esto, es cuando un ángel guardián no puede defender a su protegido, porque dicha persona cayó en tentación y cometió pecado. En este escenario, las leyes espirituales impuestas por Dios, "prohíben" explícitamente al ángel guardián de intervenir.

Debido a que el pecado cometido por dicha persona, "le otorga el derecho legal" al reino de las tinieblas para actuar, y esto se entiende porque "el pecado pertenece al Diablo".

"EL QUE PRACTICA EL PECADO ES DEL DIABLO" – I JUAN 3:8

"VOSOTROS SOIS DE VUESTRO PADRE EL DIABLO, Y LOS DESEOS DE VUESTRO PADRE QUERÉIS HACER" – JUAN 8:44

La única manera de cancelar dicho permiso o derecho legal, es que esa persona se "arrepienta de sus pecados ante el Señor Jesús", para que sean perdonados, y borrados por la divina sangre redentora de Cristo.

A continuación, veremos una lista con los derechos legales más comunes, utilizados por el reino de las tinieblas para atacar a sus víctimas:

- 1. El acto de cometer pecados por voluntad propia.

- 2. Visitar lugares encantados o embrujados. (Propiedades en las cuales se han efectuado ceremonias, rituales satánicos, invocaciones, actos demoníacos, todo tipo de brujería, acuerdos y pactos con el maligno, etc.)

- 3. Beber o comer cualquier alimento, o líquido contaminado con poderes espirituales de maldad. Un claro ejemplo de esto, es cuando alguien con malas intenciones pone un hechizo, o encantamiento en una comida, o bebida para luego dárselo a su víctima.

- 4. Ser víctima de brujería, hechicería, magia blanca o negra, maldiciones generacionales, etc.

- 5. Ser partícipe de sectas, religiones, grupos, organizaciones, cultos, agrupaciones que veneran a dioses extraños.

- 6. Ser partícipe de fenómenos como la ley de atracción, control mental, hipnotismo, ciencias ocultas, espiritismo, adivinación, meditaciones que inducen a poner la mente en blanco (vaciar la mente), algunos mensajes subliminales, etc.

- 7. Ver películas, videos, y audios que están influenciados por el satanismo. Un claro ejemplo de esto, es cualquier material multimedia que está relacionado con el mundo de las brujas, hechizos, conjuros, el arte de la adivinación. Así como programas y shows paranormales, películas de terror, rock satánico, etc.

- 8. Miedos y fobias, el hecho de permitir que

el miedo tome el control de nuestra vida, permite que los espíritus de miedo sean atraídos hacia nosotros. Porque el miedo no pertenece a Dios, no es un atributo del Espíritu Santo. Todo lo contrario, "el miedo es un arma", y es usado por el reino de las tinieblas, como un medio eficaz de "infiltración" para invadir, atacar y tomar el control de sus víctimas. Así como lo confirman los siguientes versículos:

"Porque no nos ha dado Dios espíritu de cobardía, sino de poder, de amor y de dominio propio" – 2 Timoteo 1:7

"En el amor no hay temor, sino que el perfecto amor echa fuera el temor" – 1 Juan 4:18

- 9. Las adicciones, como por ejemplo; el alcoholismo, la drogadicción, el adulterio, la fornicación, etc. Debido a que tienen una "directa relación con el pecado". Las cuales pasan a ser <u>el centro de la vida del adicto</u>, incluso llegando "a tomar el control de sus vidas".

- 10. La falta de perdón, cuando alguien se niega a perdonar, es porque esa persona está siendo gobernada por el rencor, resentimiento, o el odio, o la envidia, etc.

- 11. El trauma y abuso, cuando este tipo de eventos suceden, suelen abrir la puerta a sentimientos negativos como el resentimiento, rencor, odio, etc.

- 12. Cuando somos copartícipes del pecado dentro del reino de los sueños. Un claro ejemplo de esto, es cuando los demonios emplean la tentación, para que la víctima proceda a cometer actos de adulterio, dentro del mismo sueño. Este resultado les otorga <u>el permiso, o derecho legal</u> que las fuerzas espirituales de maldad necesitan, para tener "el camino libre y poder atacar a su víctima". En otras palabras, para que el ángel guardián no pueda intervenir en favor de su protegido.

Es importante recordar que <u>Dios nos ha llamado a ser santos</u>, pero no solamente a través de nuestras acciones y comportamiento, sino que también en nuestros pensamientos, sentimientos, sueños, en el plano espiritual, etc. Debido a que el Señor "busca en nuestros corazones", y también <u>dondequiera que el pecado esté escondido</u>, así como lo confirman los siguientes versículos:

"Mas el que escudriña los corazones sabe cuál es la intención del Espíritu" – Romanos 8:27

"Oísteis que fue dicho: No cometerás adulterio. Pero yo os digo que cualquiera que mira a una mujer para codiciarla, ya adulteró con ella en su corazón" – Mateo 5:27-28

"Todas las iglesias sabrán que yo soy el que escudriña la mente y el corazón; y os daré a cada uno según vuestras obras" – Apocalipsis 2:23

- 13. Haberse burlado, o haber insultado a un poder espiritual. Un claro ejemplo de esto, es cuando alguien se burla, o insulta a una imagen que es venerada o adorada. Debido a que detrás de cada estatua, imagen, etc., hay "una entidad espiritual" que recibe dicha veneración o adoración.

Estos poderes espirituales reaccionarán cuando son desafiados, y esto es debido a que la persona que los desafió, "les otorgó el permiso legal a través de la burla, insultos, etc.". Por eso una vez más debemos recordar, que Dios nos ha llamado a la santidad, y por lo tanto, un verdadero discípulo de Dios "nunca tiene ese tipo de comportamiento", ni mucho menos andar provocando a nada ni a nadie.

- 14. Traer objetos o materiales profanos, inmundos, impuros, dentro de nuestro hogar, propiedad o lugar de trabajo. (Dichos objetos deben ser destruidos, y tirados a la basura fuera de la propiedad).

En resumen, cuando nos damos cuenta que le hemos otorgado "el permiso, o derecho legal" al Maligno para atacarnos, entonces debemos reaccionar rápidamente, y pedir perdón al Señor Jesús, para que borre nuestros pecados con su divina sangre redentora. Una vez hecho esto, se debe proceder con oraciones de liberación para remover los espíritus malignos y poderes de maldad.

La siguiente oración de liberación debe ser leída en voz alta, y desde lo más profundo del corazón, de tal forma, de darle el empuje necesario para lograr la mayor efectividad posible:

Mi querido y Santísimo Dios Padre, hoy me encuentro ante tu trono de gloria, para pedir por tu ayuda, debido a que he estado recibiendo constantes ataques de brujería, afectando mi vida, hogar y familia. Incluso puedo sentir que la atmósfera en mi hogar, no es la misma que solía ser. Tampoco puedo descansar durante la noche, porque mis sueños se volvieron pesadillas, hay una ausencia total de paz en mi hogar.

Hasta mi salud se ha deteriorado, también mis finanzas han ido disminuyendo. Tampoco la atmósfera en mi trabajo es la misma que antes, incluso mis mascotas están actuando de forma extraña. A veces puedo sentir que algo me está observando, también hay algunos lugares en mi casa, en los que ya no me siento cómodo.

Por lo tanto, mi Santísimo Padre Celestial, humildemente te pido en el nombre de mi Señor Jesús, que por favor envíes a tus santos ángeles, para arrestar y alejar a todos los poderes espirituales de maldad presentes en mi vida, hogar y familia. Mi Señor Dios Jesús, por favor limpia todo mi ser, mi hogar y familia, mi salud y finanzas, así como todo lo que está relacionado conmigo.

Mi Santo Señor, por favor envía a tu Poderoso Espíritu Santo, para que mi vida y hogar sean llenos de tu Santo Espíritu. Mi Divino Señor Jesús, entrego mi vida, hogar y familia en tus poderosas manos redentoras, también te entrego el control de mi vida. Por favor, haz que se cumpla tu santísima voluntad en mi vida, en vez de mi pecaminosa voluntad.

También te ruego que traigas tu santísima paz a mi vida, hogar y familia, y que la majestuosidad de tu divina santa presencia, sea permanente en mi vida, hogar y familia, en el nombre de mi Señor Jesús, amén. Mi Señor de los Ejércitos, reconozco tu infinito poder, el poder de tu santa palabra, así como el poderío de tu divina sangre redentora.

También sé que Tú has hecho posible, que nosotros podamos usar tu poder y autoridad. Así como lo confirma tu santa palabra: "Para que en el nombre de Jesús se doble toda rodilla de los que están en los cielos, y en la tierra, y debajo de la tierra" (FILIPENSES 2:10) – "Y todo lo que atares en la tierra será atado en los cielos; y todo lo que desatares en la tierra será desatado en los cielos" (MATEO 16:19).

Y que tú, mi Santo Señor, nos darás todo lo que pidamos en tu poderoso nombre, así como lo confirma el siguiente verso: "Y todo lo que pidiereis al Padre en mi nombre, lo haré, para que el Padre sea glorificado en el Hijo. Si algo pidiereis en mi nombre, yo lo haré" (JUAN 14:13-14).

Por lo tanto, en el nombre que es sobre todo nombre, soy copartícipe de la divina autoridad de mi Señor Dios Jesús Cristo, Yeshua Hamashiach, y por el poder de su divina y santísima sangre redentora. Hago nulo, inválido, y pongo término a todo tipo de acuerdos y contratos de maldad, incluyendo a las maldiciones generacionales, el ocultismo, la brujería, hechizos, conjuros, rituales, invocaciones, adivinación, magia blanca y negra, ciencias ocultas, vudú, maleficios, maldiciones, y todo tipo de maldad y malas acciones, en el nombre de mi Señor Dios Jesús, las quebranto, les pongo término y las cancelo, amén.

En el divino y poderoso nombre de mi Señor Dios Jesús Cristo, debilito a todos los demonios, espíritus malignos, y a todos los poderes de maldad presentes en mi vida, hogar y familia, también pongo confusión entre sus filas y rangos. Los ato a todos, los detengo, y termino toda clase de ayuda que han estado recibiendo, en el nombre de mi Señor Dios Jesús Cristo, amén.

En el poderoso y santo nombre de mi Señor Dios Jesús Cristo, también ato al principal demonio hombre fuerte, que ha estado prestando ayuda a los demás demonios de menor rango, y a otros poderes de maldad para atacar mi vida, hogar y familia. Le ordeno a él, a todos sus demonios, y a toda clase de poderes espirituales de maldad, que se alejen de mi vida, hogar y familia, todos ustedes abandonen nuestras vidas, se van todos al abismo ahora, jamás regresen, y no envíen refuerzos, en el nombre de mi Señor Dios Jesús Cristo, Yeshua Hamashiach, es hecho, amén.

En el Santísimo nombre de mi Señor Dios Jesús Cristo, coloco una pared de fuego santo espiritual sagrado en todas las líneas de mi propiedad, incluyendo los espacios por debajo y por encima de esta. Mi Padre

Dios Todopoderoso, por favor envía a tus santos ángeles guerreros, para que se aseguren que todas las huestes espirituales de maldad se hayan ido.

En el nombre de mi Señor Dios Jesús Cristo, cierro todos los portales, y puertas que los poderes diabólicos de maldad, han estado usando para ingresar en mi vida, hogar y familia. Los sello todos con la santísima sangre de mi Señor Dios Jesús Cristo, amén. También pido a la divina y poderosa sangre de mi Señor Dios Jesús Cristo, que cubra y proteja mi vida, incluyendo a mi cuerpo, alma y espíritu, mente y pensamientos, corazón y sentimientos, propiedades y pertenencias, salud y finanzas, hogar y familia, así como todo lo que está relacionado conmigo, en el nombre de mi Señor Jesús, amén.

También invito a la santísima presencia del Espíritu Santo de Dios, a mi vida, hogar y familia, en el nombre de mi Señor Jesús, para que more en mí, y en todos nosotros, y que también tome el control de nuestras vidas, para que su santísima voluntad sea hecha en todo momento. Muchas gracias mi Todopoderoso Padre Dios, a mi Señor Jesús y al Espíritu Santo, por tu amor, protección, perdón, misericordia, y por todo lo que hacen por nosotros cada día. Oro todo esto, en el poderoso nombre de mi Señor Dios y Salvador Jesús Cristo, Yeshua Hamashiach, amén.

"Volvieron los setenta con gozo, diciendo: Señor, aun los demonios se nos sujetan en tu nombre. Y [Jesús] les dijo: Yo veía a Satanás caer del cielo como un rayo. He

AQUÍ OS DOY POTESTAD DE HOLLAR SERPIENTES Y ESCORPIONES, Y SOBRE TODA FUERZA DEL ENEMIGO, Y NADA OS DAÑARÁ. PERO NO OS REGOCIJÉIS DE QUE LOS ESPÍRITUS SE OS SUJETAN, SINO REGOCIJAOS DE QUE VUESTROS NOMBRES ESTÁN ESCRITOS EN LOS CIELOS" – LUCAS 10:17-20

21 Señales, Cuando Nuestros Hogares han Sido Infestados por Espíritus Malignos

Capítulo Veintitrés

La presencia de espíritus malignos en los hogares es "signo y señal de destrucción", mala suerte e infelicidad, junto con problemas de salud y de índole financiera, entre muchos otros más. El arma principal de los poderes espirituales de maldad, es lograr "camuflarse sin ser detectados", de tal manera de poder "operar continua y libremente", sin verse obligados a detenerse y ser expulsados.

La detección temprana de la presencia de espíritus malignos en los hogares, es de "vital importancia" para evitar mayores daños. Además, es importante tener en cuenta, que debemos eliminar la fuente de infestación maligna lo antes posible.

Por ejemplo, todo tipo de objetos, materiales y artículos impuros, los cuales son una fuente permanente de energías malignas. Un ejemplo claro de esto, lo podemos ver en el siguiente versículo:

"Jehová el Dios de Israel dice así: Anatema [objetos malditos] hay en medio de ti, Israel; no podrás hacer frente a tus enemigos, hasta que hayáis quitado el anatema de en medio de vosotros." – Josué 7:13

Dicho anatema eran "varios objetos impuros", entre ellos un manto babilonio, 200 siclos de plata, un lingote de oro que pesaba 50 siclos, entre otras cosas más, y debido a la presencia de estos objetos impuros, muchos de los hijos de Israel "perdieron sus vidas", (provocando grandes bajas en el ejército hebreo, el cual fue derrotado).

Tal como se mencionó en el capítulo anterior, estos objetos, no solamente fueron obtenidos de mala manera, sino que también estaban directamente relacionados con los dioses cananeos, los cuales fueron robados de la ciudad de Jericó, y ocultados por Acán y sus hijos dentro su propia tienda, ubicada en medio del campamento de Israel.

A continuación revisamos las causas más comunes, cuando un hogar ha sido infectado por espíritus malignos:

- 1. La presencia de objetos impuros, entre los cuales podemos encontrar; música rock satánica, películas de terror, materiales, multimedia, videos, audios, y aplicaciones telefónicas relacionadas con las ciencias ocultas, así como con el arte de la adivinación, tabla ouija, péndulos, cartas del tarot, ocultismo, brujería, etc. En resumen, la lista de estos materiales y objetos es bastante extensa. (Para más detalles, vea el capítulo 19 titulado: "El efecto sobre natural, y nocivo de la presencia de objetos impuros en los hogares, y su directa relación con el bloqueo de bendiciones y sanaciones").

Importante; en caso de que usted no sepa, qué otros objetos impuros pueden estar presentes en su propiedad, se recomienda "orar directamente al Espíritu Santo de Dios", para que el Altísimo le revele la ubicación de estos, de manera de ser retirados lo antes posible. (Cuando Dios revela información, generalmente lo hace a través de visiones y sueños, en algunas ocasiones, a través de pensamientos, presentimientos e intuiciones. Para más detalles vea el Capítulo 11, titulado: "Como Dios se comunica con nosotros).

- 2. Desaparición de objetos sin una explicación lógica, y también traslado de estos de un lugar a otro.

- 3. Oír ruidos misteriosos que no tienen una respuesta lógica. Por ejemplo; voces que le llaman por su nombre, oír pasos de alguien caminando, (cuando no hay nadie más presente en el lugar), etc.

- 4. Objetos y materiales que se rompen por sí

solos, (sin ninguna explicación lógica).

- 5. Problemas con el sistema eléctrico. Por ejemplo; televisores, radios y otros que se encienden y apagan por sí solos, luces que parpadean, etc.

- 6. Cambios bruscos y alteraciones de personalidad en algunos habitantes de la casa. Dichos cambios radicales están formados por sentimientos negativos tales como; la rabia, la ira, el aislamiento, el mal humor, la intolerancia, depresión, tristeza extrema, descontrol, pesimismo extremo, negativismo, frecuentes enojos, rebeldía, etc.

- 7. Marcas extrañas en el cuerpo, por ejemplo; marcas (huellas) de manos u otras cosas sobre la piel, rasguños, moretones, mordeduras, y arañazos entre otros, los cuales fueron producidos "misteriosamente", y sin una explicación lógica.

- 8. Profundas sensaciones extrañas, por ejemplo, sentir la presencia de alguien, o algo observándonos (cuando no hay nadie más presente en el lugar), sentir un profundo miedo, y sensación de riesgo al entrar en una habitación en particular, lugar de la casa, o en un sector de la propiedad, etc.

- 9. Frío extremo y baja temperatura, localizada solamente en una sección específica de la casa. Por ejemplo, en una esquina en particular de una habitación, en una parte del ático, en una parte del sótano, etc. (En la cual se percibe una notoria y gran diferencia de temperaturas, con tan solo movernos unos pocos metros).

- 10. Picos (subidas bruscas) en la lectura del campo electromagnético.

- 11. Las mascotas comienzan a comportarse de forma extraña, (su comportamiento cambia bruscamente, y a veces incluso llegan a enfermarse o fallecer).

- 12. Cuando personas desconocen que una casa está infestada, pero cuando son invitadas a entrar, no les gusta quedarse durante mucho tiempo, y tienden a excusarse para abandonar la propiedad lo antes posible.

- 13. Los habitantes de la casa comienzan a tener pesadillas frecuentemente.

- 14. Los niños pequeños comienzan a hablar con "amigos imaginarios" de forma frecuente.

- 15. Misteriosamente comienzan a surgir malos olores de la nada, (muy desagradables).

- 16. La existencia de previos fallecimientos de personas dentro de la casa o propiedad, los cuales fueron ocasionados de mala manera. Por ejemplo, suicidios, homicidios, enfermedades terminales de origen sobrenatural, etc.

- 17. Presenciar apariciones de supuestos fantasmas, personas fallecidas, sombras y seres extraños, incluyendo seres mitológicos, duendes, animales que aparecen y desaparecen en el aire por arte de magia, etc.

- 18. Sensaciones de haber sido tocado por alguien, o algo que no podemos ver.

- 19. Puertas, ventanas, armarios, etc., que se cierran y se abren por sí solos.

- 20. Apariciones misteriosas de animales dentro de una casa completamente cerrada, y que no se encuentra una respuesta lógica de cómo lograron ingresar, (a menudo también desaparecen como por arte de magia).

- 21. Apariciones de pruebas físicas (evidencias), entre las cuales podemos encontrar; escritos y símbolos de origen inexplicable en las paredes, sobre las puertas, espejos y en diferentes superficies, huellas de manos y de otro tipo, etc.

En conclusión, si identificamos que varias de estas señales se están produciendo en nuestro hogar, entonces es muy probable, que la propiedad esté infestada por entidades espirituales malignas. Por lo que también necesitará encontrar la fuente de infestación, para removerla lo antes posible.

Por ejemplo, podría haber "muñecos vudú enterrados" en el jardín de la casa, o la presencia de ciertos elementos de brujería, los cuales fueron "escondidos" en alguna parte de la propiedad, dibujos de hechizos, cruces invertidas, etc., los cuales deben ser borrados, y ordenar a los espíritus que están asociados a estos, hacer abandono de la propiedad en el nombre del Señor Jesús.

Además de remover la fuente de infestación, después se deben hacer las correspondientes "<u>oraciones de liberación</u>", y al final del proceso, debemos hacer "oraciones de protección y bendición", como por ejemplo; la invocación de la divina sangre de Cristo. También se recomienda "bendecir y consagrar un elemento", como el agua, o el aceite de oliva, de manera de ir poniendo dicho elemento consagrado, por todas las secciones de la casa y propiedad, y junto con esto se deben decir las oraciones de liberación en el mismo momento.

Para tal efecto, podemos usar la siguiente oración de liberación para liberar un hogar:

Mi querido Padre Celestial, hoy me encuentro ante tu santísima presencia, para pedirte humildemente tu misericordiosa ayuda, primero que todo, me arrepiento de todos los pecados cometidos durante mi vida, todas las malas palabras, los malos sentimientos, mis malas acciones, todas las veces que te he ofendido. Mi Dios Padre Todopoderoso, mi Señor Jesús, y Espíritu Santo, les pido que por favor me perdonen, en el nombre de mi Señor Jesús, gracias por tu santísima misericordia.

Mi Santísimo Padre Dios, yo, mi hogar y familia, estamos siendo atormentados por poderes espirituales de maldad, se nos hace difícil poder conciliar el sueño, porque no hay paz en casa, estamos siendo aislados unos de otros, y nuestra base familiar está siendo fuertemente erosionada.

Mi Eterno Dios Padre, Te ruego que por favor intercedas por nosotros, trae la luz permanente de tu santa presencia a nuestro hogar, y envía a tus santos ángeles para expulsar a todos los poderes malignos, de nuestro hogar y familia. Padre Celestial, por favor envíanos la poderosa presencia de tu Santo Espíritu, para guiarnos y asistirnos en la lucha contra el mal.

Ahora, por la más santísima presencia, por la divina sangre redentora de Cristo, y por la poderosa autoridad de mi Señor Dios Jesús, Yeshua Hamashiach. Yo detengo y pongo término a toda la ayuda que los espíritus malignos, demonios, y poderes espirituales de maldad, han estado recibiendo.

También pongo confusión entre sus rangos, los hago a todos débiles, y les prohíbo que sigan operando en mi vida, hogar, familia, y en todo lo que está relacionado conmigo. Les ordeno en el poderoso nombre de mi Señor Dios, Yeshua Hamashiach, Jesús Cristo, y por el poder de su divina sangre redentora, a todos ustedes poderes espirituales de maldad, que dejen mi vida, hogar, propiedad y familia, se van todos al abismo ahora, y jamás regresen, y les prohíbo que envíen más refuerzos.

Mi Señor Dios Jesús, por favor limpia mis posesiones, y la propiedad en la cual se encuentra mi hogar, haz que mi familia y yo estemos limpios de pecado, y de todo mal. Pon tus santos pensamientos en nuestras mentes, y tus santos sentimientos en nuestros corazones. A ti Señor Jesús, te damos nuestros corazones y vidas. Por favor ven y mora en nosotros, humildemente te lo pedimos en tu precioso nombre, en Cristo Jesús, amén.

Ahora, en el nombre de mi Señor Dios Jesús Cristo, y por el poder de su santísima y divina sangre redentora, yo cierro y sello todos los portales y puertas, que las huestes espirituales de maldad, han estado usando para invadir mi vida, y las sello con la santa y divina sangre de mi Señor Dios Jesús.

También pongo un muro de fuego santo, para proteger todos los alrededores de mi propiedad, en el nombre de mi Señor Jesús. Además, imploro e invoco a la santísima sangre de mi Señor Jesús Cristo para que cubra mi vida, hogar y familia.

Mi Santísimo y Todopoderoso Dios Padre, por favor envía a tus santos ángeles para que ellos se aseguren, que todos los poderes de maldad hayan salido de mi vida, hogar y familia, propiedad y posesiones, en el nombre de mi Señor Jesús humildemente te lo pido. Mi Santo Padre Celestial, por favor haz que mi hogar y familia, estén llenos de tu santísima presencia y de tu majestuosa paz, en el nombre de mi Señor Jesús.

En el nombre de mi Señor Dios Jesús Cristo, yo declaro que mi vida, hogar y familia, estamos bajo el santo poder, y la poderosa autoridad de mi Señor Dios Jesús, el alfa y la omega, le pertenecemos a él, y le serviremos solamente a él solamente, porque viviremos para él, y estamos bajo su santa y divina protección.

Oro todo esto, en el poderoso nombre de mi Señor Dios Jesús Cristo, Yeshua Hamashiach, amén.

"[Jesús] Él es la imagen del Dios invisible, el primogénito de toda creación. Porque en él fueron creadas todas las cosas, las que hay en los cielos y las que hay en la tierra, visibles e invisibles; sean tronos, sean dominios, sean principados, sean potestades; todo fue creado por medio de él y para él. Y él es antes de todas las cosas, y todas las cosas en él subsisten" – Colosenses 1:15-17

PALABRAS FINALES

Quiero extender mi más sincero agradecimiento, a todas aquellas personas que han llegado a la sección final de este libro. Esto demuestra "la voluntad y las ganas de aprender", lo cual es clave para tener una vida más llevadera, alejada del alcance destructivo de las huestes espirituales de maldad. "El buen conocimiento hace la diferencia en la vida", debido a que las vidas de mucha gente terminan siendo destruidas por "**falta de conocimiento**", tal como lo describe la santa palabra de Dios en el libro de Oseas 4:6.

Por consiguiente, para nosotros es de "imperativa necesidad", aprender de la palabra del Altísimo en las sagradas escrituras de la Biblia, así como también de las valiosas experiencias que otros hermanos(as) en Cristo han vivido, de tal manera de poder "sacar ventaja", aprendiendo de dichas experiencias, (incluyendo errores cometidos para así poder evitarlos).

Si nos ponemos a reflexionar acerca del tema del "conocimiento", nos damos cuenta del porqué y la razón principal, por la cual el rey Salomón le pidió a Dios **"sabiduría"**, (antes que cualquier otra cosa). Debido a que Él estaba consciente que "el buen conocimiento", nos permite tomar "las decisiones correctas y apropiadas", y si tomamos "buenas decisiones", entonces "nuestras vidas serán mejores en gran manera", y esto a su vez nos permite **"estar más cerca de Dios"**.

Finalmente, quiero dar la gloria y las infinitas gracias a Dios Padre Todopoderoso, a nuestro Señor Jesus, y al Espíritu Santo, por haber hecho realidad este libro, porque sin su ayuda e inspiración por parte del Espíritu de Dios, este libro jamás habría visto la luz, debido a que las huestes espirituales de maldad se "opusieron en gran manera", e hicieron "todo lo posible" para evitar que lo escribiera. Solamente después de "varias oraciones" fue posible alcanzar la inspiración, la tranquilidad, las ganas de escribir, el ánimo, y la intención para dar vida a las páginas que conforman este libro, porque también estoy completamente seguro, que Dios lo usará como instrumento para salvar muchas almas.

ORACIÓN DE SALVACIÓN

Padre Celestial, hoy vengo ante tu santísima presencia, admitiendo que soy un pecador, y que por consiguiente, tengo la necesidad de un salvador. Por lo tanto, yo creo en mi corazón, que Tú enviaste a tu Divino Hijo unigénito, Jesús, quien sacrificó su vida muriendo en la cruz del calvario, para el perdón de los pecados, y a través de su perdón y santo sacrificio, logramos la vida eterna. También creo, que tu Poderoso Santo Espíritu, resucitó al Señor Jesús de entre los muertos, y lo colocó en un lugar de privilegio, como "Salvador y mediador entre Dios y los hombres".

Por lo tanto, yo declaro y acepto al Señor Jesús como mi Señor, y mi Salvador. Mi Señor Jesús, te invito a que entres en mi corazón y vivas en mí, por favor haz que tu santísima voluntad se cumpla en mi vida, guía mis pasos con la luz de tu palabra. Yo me arrepiento de todos los pecados que he cometido en mi vida, y te ruego que por favor me perdones, y me hagas limpio de todo pecado y maldad, con tu preciosa, divina y santísima sangre redentora.

Oro todo esto, en el majestuoso y poderoso nombre de mi Señor Dios y Salvador, Cristo Jesús, amén.